江戶百工

打造江戶富足生活基礎的匠人

飯田泰子

章蓓蕾 譯

目次

前言

本書名為《江戶百工》，文如其名，這是一本介紹江戶百工百業的圖鑑。全書列舉了兩百五十多類職種，主要都是跟人生中不可或缺的「食」與「住」有關。為了不負「圖鑑」二字，本書總共採用大約五百張圖片，期待能盡量把書中提到的所有職業都用圖片呈現出來。由於書中介紹的都是江戶時代的各種行業，有些場景在現在只有到博物館才能看到，還有些字眼正在逐漸成為死語。所以在這本書裡提到這些特別的名詞時，會酌情加入適當的注釋。

江戶時代出版了很多介紹各種行業的書籍，譬如在元祿三年（一六九〇）發行的《人倫訓蒙圖彙》，書中插入了大量圖片，所以讀者能夠輕易理解當時如何使用那些道具，以及各種行業進行交易的情形。作者首先說明了公家與武家的職制，再依序介紹手工業與做買賣的種類。而我在這本書裡，則打算介紹各種跟市井小民日常生活關係密切的職場實況。我用來挑選業種的參考資料，除了這裡提到的《人倫訓蒙圖彙》之外，還有幕府末期出版的風俗誌《守貞謾稿》，以及各種「職人盡歌合」（歌頌職人的短歌吟詠大賽）。

本書的內容大致如下：第一章的主題是「做生意」。當時的商店老闆跟員工之間，就像大家庭成員的關係，學徒從小住在老闆家，一面幫忙幹活一面學習各項技能，逐漸成長進步。譬如江戶的道路總是塵土飛揚，小學徒每天起床後的第一件事，就是在店門前面灑水。學徒只要能把自己的任務辦好，將來就有可能出人頭地，甚至還可能晉升為相當於店長的支配人，負責掌管堆滿千兩箱的倉庫鑰匙。而當時這種跟終身雇用制完全不同的短中期勞動服務機會，一般都是由「口入屋」（職業介紹所）從中斡旋，然後才被商家雇用。當時從事商業的型態不外是經營店鋪、路邊擺攤或四處叫賣，不論商家販賣的商品是什麼，從業員入行的第一步，都是從了解業界環境做起。

在第二章和第三章裡，我將以「食」與「住」為題，根據生產、加工、販賣的順序向讀者介紹各種食材與建材。譬如建造一座木屋，首先需要筏夫把組成房屋結構的質材與木材運來，在房屋的骨架上鋪設屋頂，粉刷牆壁，這時建築物才終於具備能夠抵禦風寒雨露的外觀。接下來，還有數目驚人的各種工匠負責安裝屋中各種零件，譬如像榻榻米、紙門、紙窗等，直到屋內點亮燈光，一棟「住宅」才算建造完成。至於「食」的部分，譬如製作壽司、蕎麥麵、天婦羅等食物，需要來自山林海中的各種材料。在這一章裡，我也會向各位講述這些材料經由商人之手送上餐桌的故事。讀者翻開這一章，不會立刻看到一盤做好的江戶前壽司，而是先看到製作龍骨水車的職人。龍骨水車是架在田裡汲水的工具，據說是從十六世紀達文西發明的機器人得到的靈感而發明的。不過龍骨水車現在已被更容易操作的另一種水車取代了。

第四章的主題是「養生」，也就是維護大眾健康生活的各種職業。江戶人看醫生不用支付診療費，但名為「藥禮」的藥費卻非常昂貴，或許也因為這個理由，一般人覺得身體不舒服時，首先想到的是購買成藥，或是找人按摩、針灸，因此藥店的生意非常興隆。當時的醫生都是漢方醫，大多是為鄰里服務的「町醫者」，他們的本行雖是內科，但對於專業以外的領域，譬如外科也都略懂一二。第五章的主題是「祈禱」。關於這些跟神佛有關的職業，我原先的構想是向大家介紹一些態度虔誠的信徒，以及販製宗教活動相關道具的職人。但我在相關資料裡卻發現，當時的現實環境裡，到處都能看到一些莫名其妙的人物。史料稱他們的行為為「勸進」（化緣）。這些人頭戴斗笠，打著神佛的名號，四處行乞遊蕩，真是羨煞人的自由人士。而江戶時代的「自由」，含有「隨意、任性」之意。總而言之，當時的職業種類繁多，有些人經過勤奮努力而擁有自己的商店，有些人鼓動三寸不爛之舌到處推銷蛤蟆油，還有些人則立志成為左甚五郎一樣有名的木匠。期待讀者看完這本書之後，對江戶時代的各行各業能有更進一步了解。

第一章・商業

生意的型態與運輸

商店

◆店主◆小老闆

◆番頭◆支配人◆丁稚◆手代

◆口入屋◆日計工◆看板工

■日本橋的繁榮景象《繪本續江戶土產》

小販

◆蟲販◆夜鷹蕎麥販

◆膏藥販◆西瓜販◆編草蓆

◆魚販◆鎖匠

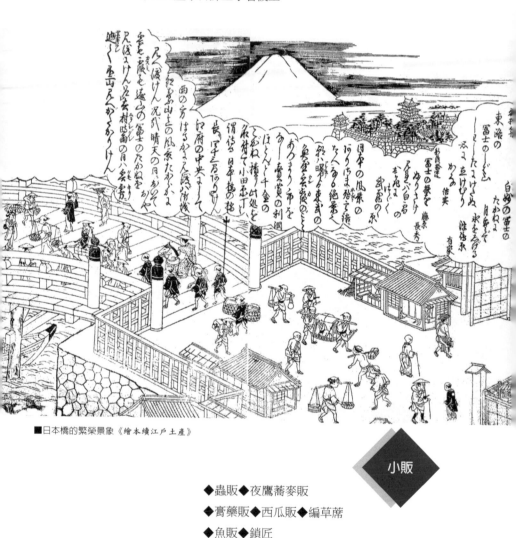

金融

◆兌換所◆天秤師◆秤師
◆錢緡販◆錢蓙販
◆當鋪

運輸

◆中間商◆船頭◆船宿◆渡守◆船匠
◆趕車工◆人力車夫◆造車◆馬夫◆馬借◆博勞
◆轎夫◆駕輿丁◆乘物師
◆旅籠屋◆飛腳◆便利屋

經商

一個屋簷下，老闆和員工同寢共食，努力經商

販售商品，是指商家向製造者採購貨品，或自行製造貨品，然後拿去販賣。這類商業行為也是提供工作機會的重大支柱。在這一章裡，我們要介紹的是一般商業的相關概況，並不限定於「住」或「食」等特定範圍。

●店鋪與移動販賣 江戶時代，做生意的商家稱為「店鋪」。大街兩旁有許多大型店鋪比鄰而立，不論店鋪做什麼生意，這種店鋪都是店主全家跟眾多的店員同寢共食，齊心協力努力經商。店鋪的主人叫做「老闆」，一般來說，老闆全家從上到下都跟店員住在一個屋簷下，大家過著團體生活。店主家裡除了老闆和老闆娘之外，還有未來繼承家業的小老闆和老闆千金。有時退休的前任老闆雖已讓出主人的位子，卻仍然跟大家住在一起。另一方面，店員則包括當學徒的「小僧」、事先約定服務年限的年輕店員，叫做「手代」，以及負責指揮全體員工的主管，叫做「番頭」。

當時立志長大後要當商人的小孩，早的話，七、八歲就被送進商家打工，最晚也在十歲左右就得進入這一行。一般狀況下，學徒先在老闆家工作十年，然後義務服務一年，就算得上是一名商人了。如果家裡財力許可，或是家裡原本就在做生意的年輕店員，這時就可要求家裡提供資金開店，或是直接繼承家業，正式踏入商人這一行，不過，大部分剛出師的店員都選擇留在店裡，繼續為原來的老闆服務。

■「現金交易，概不賒欠」的吳服店
《頭書增補訓蒙圖彙》

想成為獨當一面的商人，可以到「店鋪」接受訓練，但除了店鋪以外，還有

■以快速著稱的豬牙船《繪本續江戶土產》

其他更自由、更隨意的行商模式，譬如「屋台店」是在路邊擺個附有棚頂的小攤，或是叫做「行商人」的小販，這種商人或在路上鋪塊蓆子，把商品放在蓆上陳售，或是挑著扁擔沿街叫賣。這些不在店鋪裡做生意的小販種類繁多，型態多采多姿。

●金融業務　江戶時代跟現代不同，今天我們採用的是以「元」為單位的十進法，當時通行金幣、銀幣、錢幣三種貨幣，幣制跟現代完全不同。譬如有人拿一兩金幣的「小判」去買四文錢的小點心，根據幕府規定的匯率，商家應該找給他三九九六文零錢，然而，當時賣零食的小店是不找錢的，所以一般庶民收到高額的貨幣時，就必須找兌換商換成便於日常購物的「錢幣」。

兌換商這一行除了賺取兌換的手續費，也放款給有需要的顧客，向他們收取利息。換句話說，兌換商的主要業務就是融資，而且每筆融資款項的數目都很大。而對一般庶民來說，當鋪比兌換商更方便，因為當鋪只需物品做擔保。

●江戶時代的陸運水運　江戶時代的庶民不論到哪兒去，都得靠兩條腿，好在當時在市內往來，只靠徒步也完全能夠應付。不管是武士或醫生，人人出門都是安步當車。當然啦，也有很多有錢的大爺，他們會坐著名為「駕籠」的轎子一路奔赴吉原大門。駕籠又分兩種，一種是在路上候客的「辻駕籠」，另一種則待在駕籠屋裡等候顧客召喚。

當時還有利用船隻做生意的商家，這類商家也分為兩種：一種是利用大型船隻運送貨物的迴船業，主要是定期往返大坂和江戶；另一種則利用小型船隻在市內來回穿梭，專門負責運送貨物或乘客，有些小船還提供旅遊服務，其中包括江戶居民前往吉原經常使用的船隻。

商店

江戶時代的商家叫做「店鋪」。許多大型店鋪比鄰矗立在大街路旁，不論店裡賣什麼，通常都是店主全家和眾多店員同寢共食，齊心協力做生意。

■燈籠店、襪子店的門前，店員正在跟顧客進行交易。不論店鋪做什麼生意，建築內部就是員工的生活場所。《戲場粹言幕外》

店主

店主是商店的中心人物，在雇工或職人眼中，店主是受人尊敬的老闆或大老闆。有些店主得天獨厚，從父母手中繼承店鋪，也有些店主天生命苦，必須從小商人開始獨自打拚。直到兒子或女婿順利接下經營重擔，店主才能安心享受退休生活。

■商家和武家一樣，店主最重要的任務，就是把家業傳給下一代。「祖上多庇佑，今日家業昌，日夜苦思慮，立志耀門楣。」《家內安全集》

店主家

■「嫡子」的地位僅次於「家長」，也就是小老闆，只要遵守孝道，不誤入歧途，將來就能成為店主。《家內安全集》

小老闆

京坂地區一般稱呼店主為大老闆，店鋪未來的繼任者則不論江戶或京坂，都稱之為少老闆或小老闆。如果店主家裡只有女兒，就從表現優異的番頭當中挑選一名女婿，或是領養一名養子。有時店主家雖有嫡子，卻也可能因為誤入歧途而被廢。

■小老闆的弟弟們，次男（右）和三男（左），等到大哥接掌家業時，他們就得搬出去另立門戶。《家內安全集》

店面與內宅●江戶的店鋪是把店面與住宅同時設置在一棟建築裡。前店面臨大街，內宅住著大老闆和老闆娘（妻），還有小老闆、大小姐。有時已經退休的前任老闆也跟大家同居，但是住在主屋旁邊的獨立住宅裡。

雇工

番頭

番頭不但掌管帳簿，還負責張羅店裡各項瑣事，是所有雇工中地位最高的職位。有些番頭住在店裡，有些番頭則每天從附近的自宅到店裡上班，因此稱為上班番頭或通勤番頭。

■番頭正在報告業務狀況，守候在門框旁邊的是學徒。《商賣往來繪字引》

奉公●到雇主家幹活叫做奉公。「店鋪奉公」的孩子早則七、八歲，晚則十歲之前，就得到雇主家幹活了。這些學徒在店裡工作十年，之後免費服務一年，就可以算是一名商人了。有些雇主家也提供短期奉公的缺額。（請參照18頁・口入屋）

■番頭必須把每天的工作內容記錄在大福帳裡，如果收到現金，就在應收貨款上畫一條線，表示已經結帳。《諸職人物畫譜》

■手握倉庫鑰匙的總經理，腳邊有個千兩箱。《家內安全集》

支配人

三大都市的商店也把「番頭」稱為「支配人」。很多大型商店的番頭不止一位，排名第一的番頭就被稱為「支配人」，手中掌握著極大的權限。

丁稚

上方的「丁稚」就是學徒，江戶叫做「小僧」。學徒在店裡一面做些打掃、跑腿的雜務，一面學做生意。這種為期十年的無薪修習雇工，叫做「店鋪奉公」。

■丁稚每天固定的工作是開店前在門外灑水。《家內安全集》

■如果在大型店鋪服務，手代就能獲得一件印有店家商標的和服外套。《家內安全集》

手代

順利完成十年「丁稚奉公」修業的學徒稱為「手代」。之後便委派他們出門收帳或在店裡記帳。

■除了商家之外，武家要物色打雜的男僕，或是參勤交代需要召募遊行成員時，都會去找「口入屋」幫忙。《今様職人盡歌合》

口入屋

負責介紹短工的職業仲介商叫做「口入屋」，也叫「桂庵」或「人宿」，這裡介紹的工作機會不是那種整年在同一個地方工作的「年季奉公」，而是去當工期只有半年或更短的下男下女。日本橋葭町有很多這種口入屋。

日計工

日工，也叫做日計工，主要都是幹體力活兒，譬如在工地搬運木材、攪拌泥土等，可以當天領取工酬。從事店鋪奉公的雇工不必擔心吃穿或住處，從這個角度來看，日計工就比較辛苦，一切都得靠自己。

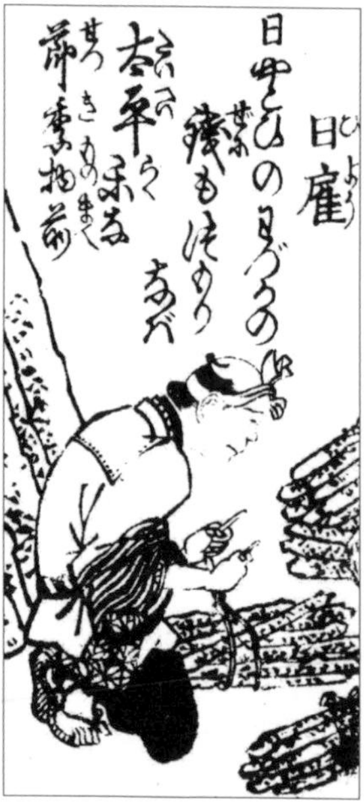

■日計工的報酬不多，卻能積少成多，至少在中元或歲末時不會手頭拮据。《家內安全集》

看板

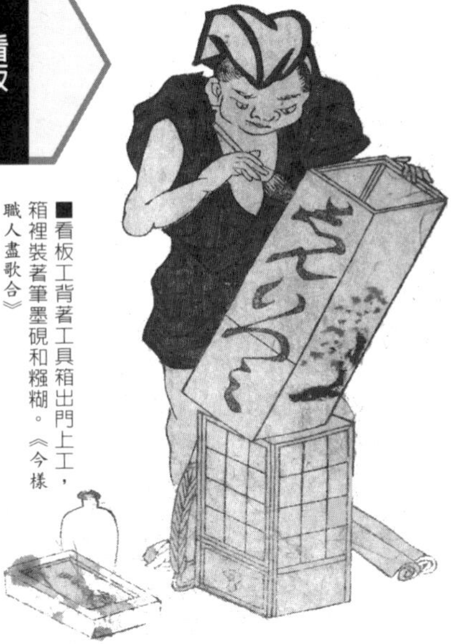

■看板工背著工具箱出門上工，箱裡裝著筆墨硯和糨糊。《今樣職人盡歌合》

■湯屋（錢湯）的看板《守貞謾稿》

■掛在簷下的藥材店看板《江戶名所圖繪》

看板工

看板工常到飲食店、結髮屋等處招攬生意，幫店家重糊燈籠，或按照指示書寫店名，繪製商標。根據《守貞謾稿》記載，這種職業從江戶中期的天明年間（一七八一—一七八九）就已存在。

各種看板●一般的看板是把宣傳文字寫在木板上。除了店名之外，有時也在板上描繪或雕刻酷似商品的圖案。看板的類型除了木板看板外，還有木箱看板、固定看板或用吊燈代替看板。

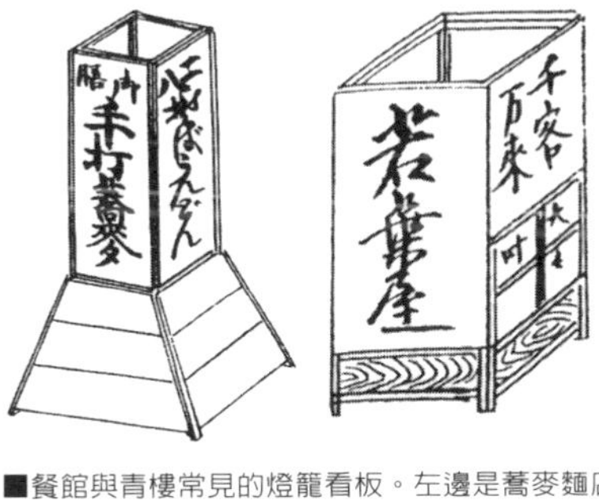

■餐館與青樓常見的燈籠看板。左邊是蕎麥麵店的木箱看板。《守貞謾稿》

小販

在路邊擺個有棚小攤的「屋台店」、在路上鋪塊蓆子，把商品放在上面陳售的「路邊攤」，還有挑著扁擔沿街叫賣的「流動販」，這些不在店鋪裡做生意的小商販形形色色，種類繁多。

蟲販

■夏季是蟲販生意最好的季節《守貞謾稿》

掛在小攤棚簷下的蟲籠裡養著松蟲、鈴蟲、螽斯等供人欣賞蟲鳴或觀賞的昆蟲。蟲販的攤子都是放在固定的位置，而不會挑著亂跑。

屋台店

江戶有專門叫賣蕎麥麵的小販，叫做夜鷹蕎麥販，大坂的這類小販最先是叫賣「夜啼烏龍麵」，後來也開始賣蕎麥麵。小販先到一個地點做生意，等到顧客漸漸變少，就把擔子挑到下一個據點去賣。

屋台●因為貨攤上方裝置了屋頂，所以叫做「屋台」。屋台販賣的食品包括壽司、天婦羅、酒類、酒菜，甚至連點心、糖果、糕點都有。凡是晚間行人川流不息的地方，幾乎每個町都能看到三、四個賣壽司或天婦羅的屋台。

夜鷹蕎麥販

■「夜鷹」原是指路邊攬客的私娼。夜鷹蕎麥麵則因為深受這類女子喜愛而得名。《狂言畫譜》

路邊攤

路邊攤就是露天攤販，在路邊鋪一塊草蓆就地開始叫賣。攤子上的商品種類繁多，來源不明的舊家具、舊書、各種小物，甚至連藥材都會出現在攤子上。

■舊曆五月二十八日是隅田川開河的日子，兩國的廣小路擠滿了路邊攤和屋台。《江戶大節用海內藏》

膏藥販

■小販的膝前擺著一堆貝殼，裡面塞滿藥材。《今樣職人盡歌合》

西瓜販

小攤上陳列著甜酒、麥茶和西瓜。每年夏季隅田川開河後，兩國橋上擠滿了乘涼的群眾，西瓜販算得上是最應景的小販。不過他們雖然名為西瓜販，一旁的看板卻寫著：「水果子」。水果子即是水果，圖中那個攤上的水果似乎是香瓜。

編草蓆

草蓆●露天攤販鋪在商品下面的蓆子，主要是用秸稈編成，用途十分廣泛，既可鋪在泥地上供人閒坐，也可把農作物放在上面晾曬，或當作保暖材料。

■《人倫訓蒙圖彙》裡的編草蓆圖

流動販

「挑擔小販」把商品掛在扁擔的兩頭，邊走邊賣。魚販是個拚體力的職業，一大早進貨之後就在路上奔走，跟時間競爭，直到貨品全部賣完為止。

■賣花的挑擔小販《繪本庭訓往來》

魚販

■上面是江戶的魚販，下面是京坂地區的魚販。《守貞謾稿》

鎖匠

東西壞了就想辦法修好，這種觀念在江戶時代是天經地義的。譬如鎖匠整天提著工具箱在町內遊走，箱裡裝著修理的工具和零件。他們不但修理門鎖，也修家中各種生活器皿。

■京坂的流動販習慣以肩挑擔，江戶小販則習慣把物品扛在肩上。《守貞謾稿》

金融

金融業是以「資金」為商品的行業。業者向需求者提供資金，收取利息，也就是說，金融業者的任務就是融資。下面就讓我們看看當時的兌換商、當鋪是什麼模樣。

■兌換商的標誌就是門口擺著天秤。圖中的店內正在清點大量錢串。《繪本士農工商》

兌換

兌換所

兌換商的任務是幫顧客兌換市面流通的金、銀、錢三種貨幣，就像今天的兌換商幫我們把外匯兌換成本國貨幣。江戶時代的全國各地流通的貨幣各不相同，譬如大坂使用銀幣，江戶使用金幣。江戶的商人把貨品賣到大坂，因為當地是以銀幣結帳，所以江戶商人結帳後需要把銀幣兌成金幣。另外，江戶人也會把高額的金幣一兩小判兌換成便於使用的「一分金」（四片為一兩），就像我們今天為了使用方便，所以把紙幣換成硬幣。

■「誠信經營兌換所，天秤聲中商運隆」《寶船桂帆柱》

天秤師

江戶時期的書中介紹：「懸空吊起即為秤」，「天秤」也叫做「針口」。天秤的秤竿兩端各掛一個小碟，待秤的物品和小錘分別放在兩端的碟子裡，所以天秤的別名又叫「皿秤」。「針口」原本是秤竿中央顯示平衡狀態的指針，也是天秤最重要的部分。下圖的職人正在製作針口。

■江戶時代，獲得幕府特許的商店才能製造或販賣秤，當時這一行全都被京都和江戶的「秤座」壟斷。《人倫訓蒙圖彙》

■工作台上放著小碟和砝碼《人倫訓蒙圖彙》

秤師

兌換商使用的是放在桌上的天秤，普通商人則使用桿秤（棹秤），這種秤只需移動秤砣，就能測出重量，用法簡單，又便於攜帶，對出門收買舊貨的商人來說是不可或缺的工具。

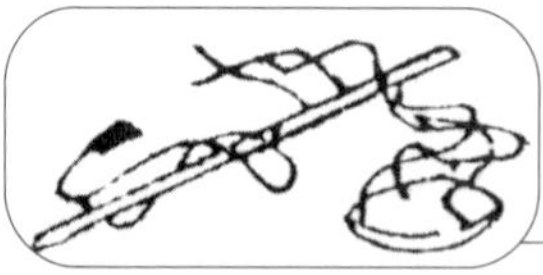

■攜帶用的桿秤。把物品放在小碟上，然後移動掛在桿上的秤砣。秤砣移至符合重量的位置，刻在那個位置的數字就是物品的重量。《商賣往來繪字引》

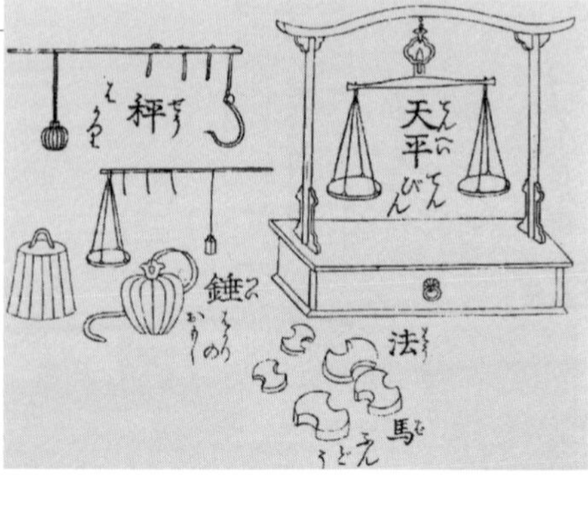

■天秤和砝碼是兌換商必備的生意道具。一端的小碟放銀塊，另一端放砝碼。《頭書增補訓蒙圖彙》

錢幣

錢緡販

「緡」是把有孔錢幣串起來的繩子，通常是由「中間」用稻草或麻稈做好之後，拿到街頭叫賣。「中間」是沒有姓氏也不准佩刀的下級武士。當時從事這種副業的「中間」，大多都在江戶旗本火消屋敷，京坂地區的京都所司代，以及大坂城代等機構任職。

■日本橋的行德河岸是行德海鹽的集散地。圖中的商人正在使用錢幣交易。《木曾路名所圖會》

■錢緡販正在叫賣，一百文一束。《守貞謾稿》

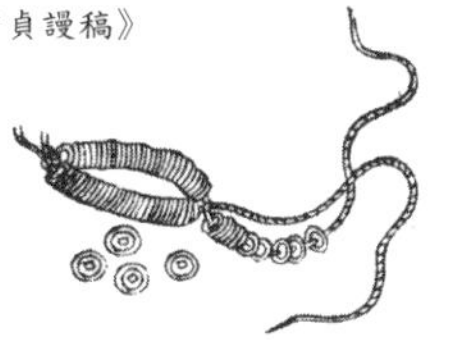

■細繩狀的「緡」穿過錢孔，把錢幣穿成一串。《頭書增補訓蒙圖彙》

■「中間」和「足輕」等下級武士利用公餘時間製作錢緡，然後拿去叫賣。《守貞謾稿》

錢座販

錢座是兌換商或頻繁使用錢幣的商店的必需品，店家先把錢箱裡的錢幣倒在錢座上，然後再用錢緡把錢幣穿起來。錢座是用廢紙編成的蓆子，大小大約是一疊或半疊榻榻米。

錢幣●錢幣是庶民最熟悉的貨幣，不僅日常購物時使用，工作酬勞也是用錢幣支付。寬永通寶是江戶時代廣泛流通的貨幣。幕府的公定匯率雖然是一兩金幣兌換四千文錢幣，但實際匯率卻每天都在變動。

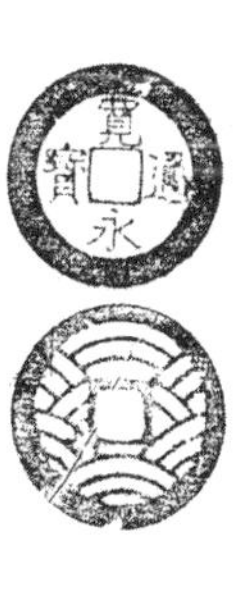

■江戶時代流通的寬永通寶四文錢，也叫波錢，背面鑄有波浪花紋。《寬永通寶見本帖》

典當

■江戶中期的當鋪看板《守貞謾稿》

■當鋪根據典當品的優劣來決定顧客的信用度，之後才把錢借給顧客。《人倫訓蒙圖彙》

當鋪

當鋪收下典當品（抵押品）之後才把錢借給顧客，大岡越前守忠相在南町奉行所任職期間，把江戶兩千七百多間當鋪組織起來，成立了當鋪公會，分成兩百五十個分會。庶民不能隨便經營當鋪，想開當鋪的人必須先向公會購買營業權，還要成為公會的會員之後才能開張。

■「新生兒，七夜宴，喜悅無可比；錢賺錢，利滾利，歡喜開當鋪。」滿心歡喜的當鋪老闆，周圍全是典當品。開當鋪確實很賺錢。《寶船桂帆柱》

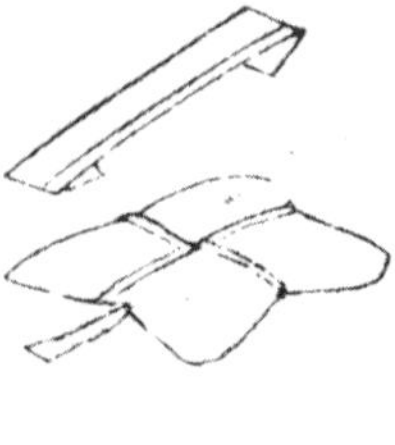

■抵押品。顧客到了約定日還不能歸還本利的話，抵押品就歸當鋪所有。《商賣往來繪字引》

運輸

江戶時代一般人出門都靠步行，貨物主要依靠船隻運輸。大坂至江戶或松前有大型迴船輸送貨物，江戶市內則有許多小型船隻運送貨物或乘客。

中間商

貨主從各地生產者手中購入貨品，運往大坂等其他都市。待貨品運達目的地，當地就有人出面替貨主批發給需貨的商人，並因而獲利，這種人叫做中間商，江戶中期稱之為「問屋」（批發商）。問屋原是每天供人詢問貨價行情的地方，幹道沿途的問屋也是馬匹與轎子出發的地點。

問屋

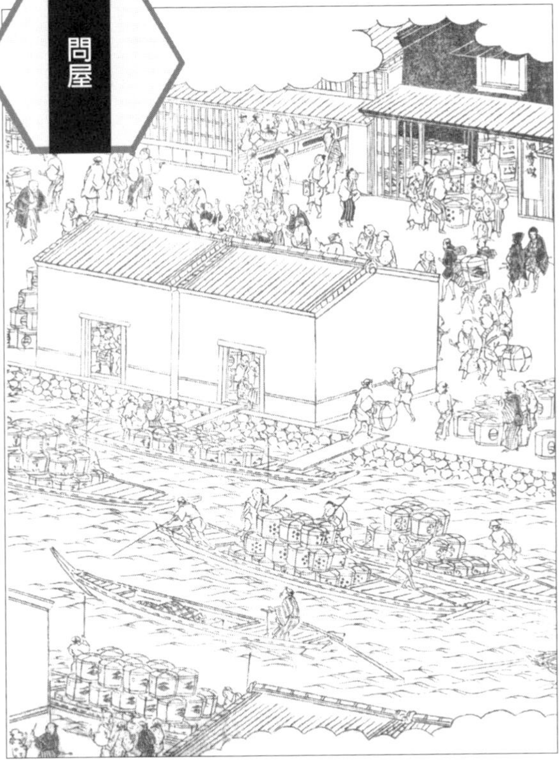

■灘伏見的名酒，亦即所謂的下酒，利用迴船送到日本橋新川。圖中是貨物上岸的情景。《江戶名所圖會》

■中間商從各地搬來貨物《頭書增補訓蒙圖彙》

船頭

不論是大型迴船或小船，只要是一船之長，都叫做「船頭」。譬如在隅田川（大川）上往來奔忙的豬牙船，就算是這種以快速著稱的小船，船上只有一人一槳，也叫做船頭。

■豬牙船在大川逆流而上，把客人送到吉原。當時還有一種體型更大的「三挺」，江戶中期已經禁止使用。《諸職人物畫譜》

船宿

文化年間（一八〇四－一八一六）的日本橋、淺草附近共有船宿六百多間，全部都是河船的船宿，主要業務為安排遊河船隻或貨船。另一方面，船宿的二樓也可應顧客要求開放給男女幽會，或作為宴會場所。

■淺草的船宿。每間船宿的老闆手裡都有幾艘豬牙船或是附加屋頂的屋根船，同時雇用了數名船頭在船上待命，以便隨時聽候顧客差遣。《繪本江戶土產》

■船宿的燈籠形看板。船宿經常備有豬牙船、荷足、拉網船、釣魚船。「荷足」是運送小型貨物的小船。《小野馬鹿村譃字盡》

船

渡守

渡守是指渡船的船頭。不論在大河或小溪，只要是駕船橫渡到對岸的從業者，都稱為「渡守」。一條大河總有幾處渡口，往來行人在此搭船渡到對岸。

■江戶時代的隅田川上橋梁很少，總共只有五座，所以渡船往來頻繁。圖中是吾妻橋與兩國橋之間御廄河岸出發的渡船。《江戶名所圖會》

■武家共乘的渡船，公卿坐在駕籠裡直接被抬到船上。《人倫訓蒙圖彙》

船匠

船匠即造船的木匠。譬如像江戶的大型木材集散地木場，或是像南佐渡的宿根木這種迴船港口，都有很多船匠。幕府實行鎖國政策以來，禁止建造駛向外國的大型船隻，但是在江戶後期，全國還是建造了很多巨型商船「千石船」。

■小船如十石的駁船，大船如千石船，船匠都能建造。《早引漫畫》

趕車工

「趕車工」即是套牛拉車運送貨物的「駕車人」，室町時期至江戶中期，「趕車工」主要聚集在京都周邊。根據《人倫訓蒙圖彙》記載，京都的大津、駿河，以及江戶的芝等地都有這類職人活動，其他地區從沒看過這種職人。

■趕車工正在問丸載貨《頭書增補訓蒙圖彙》

■揮鞭趕牛的趕車工《人倫訓蒙圖彙》

■造車工使用鑿子刻鑿車轂《人倫訓蒙圖彙》

造車

造車是把輪木、車輻、車轂等三個部分組裝起來的木工作業。輪木相當於汽車的輪胎，是由六至八塊木片構成，內側組接二十塊車輻（輪輻），中央用圓形的車轂加以固定。

車

■一輛大八車駛出神田的筋違御門，前方有兩名車夫，後方應該也有兩名。《繪本續江戶土產》

人力車夫

也就是牽拉貨車負責送貨的車夫。江戶的人力車夫牽拉的是大八車，大坂的人力車夫拉的是車輻較窄的輕車。兩種人力車都是由兩人或四人一起操控，前面的車夫用力拉，後面的車夫向前推。大八車的方向舵在前方，輕車則在後方。

大八車●寬文年間（一六六一—一六七三）江戶製造的二輪車。鋪著竹蓆的車台兩側共有四個鉤子，台上裝載貨物後，用繩子掛在鉤上固定貨物。

■人力車夫發覺車子發出噪音，正在給車輪加油。《今様職人盡歌合》

馬

馬夫

利用馬匹承載行人或貨物為業的人，也叫馬子。江戶時代的五街道和其他重要街道沿途的宿場設有「問屋」，轎夫和馬夫都在這裡候客。

■馬夫牽著武士乘坐的馬匹前進《人倫訓蒙圖彙》

馬借

古代利用馬匹運送貨物的業者，叫做「馬借」。據《頭書增補訓蒙圖彙》介紹，這本書在江戶中期出版時，馬借是指「馬指」。當時的「馬指」並不是馬夫的意思，而是在宿場問屋負責管理車馬的官員。

■右邊是馬借，左邊是伯樂。伯樂是給馬看病的馬醫。《頭書增補訓蒙圖彙》

博勞

從伯樂到博勞●據說馬藥師（馬醫）原本叫做「伯樂（はくらく）」，因為稍微改變發音，就變成了「博勞（ばくろう）」。博勞是在馬市幫馬主介紹買主的仲介，漢字也寫作「馬喰」。江戶的馬市位於今天的日本橋馬喰町，因為當時那裡有很多「馬喰」。

■斡旋牛馬交易的仲介商叫做博勞《今樣職人盡歌合》

駕籠

■一名武士坐在駕籠裡，兩名轎夫抬著他走向淺草藏前。這座四手駕籠（二人轎子）也是市內最常見的町駕籠。《繪本續江戶土產》

轎夫

駕籠前方和後方的轎夫必須彼此呼應，互相配合。當時江戶市內候客的駕籠有兩種：町駕籠與道中駕籠。町駕籠也分兩種：一種是在路上候客的辻駕籠，另一種則待在駕籠屋等候召喚。道中駕籠也分兩種：一種是屬於宿場問屋管理的宿場駕籠，另一種是在路上自由載客的山駕籠。

■圖中是上野賞花客乘坐的「女用」駕籠，轎槓從轎頂上方橫貫而過，轎身裝飾得精美豪華，乘客稍微拉開兩側的推門，便可欣賞戶外景色。《繪本江戶土產》

駕輿丁

專為皇族或貴族扛抬轎輦的職人叫做駕輿丁。早在奈良時代已有這種官職，歸朝廷管轄。右圖描繪的是武家出行的情景，雖然圖中寫著「駕輿丁」，但旁邊有平假名「ろくしゃく」，這是當時武家轎夫的通稱，漢字寫為「六尺」或「陸尺」。

■為武家扛抬駕籠的轎夫叫做六尺《頭書增補訓蒙圖彙》

■乘物師製造的是男用與女用的駕籠，以及公家使用的板輿與網代輿。一般轎夫使用的駕籠並不是由乘物師製造。《人倫訓蒙圖彙》

乘物師

古代把所有的輿與車（御所車）統稱為「乘物」，後來到了江戶時代，規定只有身分尊貴之人才能乘坐「乘物駕籠」。江戶中期出版的散文集《本朝世事談綺》記載：「乘物為『輿』之略稱，始於足利義政時期。除了御所車算是一種『車』，其他的『輿』都呈屋形。『輿』就是沒有車輪的車。」屋形的「輿」原本是靠底部的兩根木棍（車轅）扛抬，而把這兩根木棍變成一根，裝置在屋頂上，讓前後兩人扛起，就是乘物駕籠的標準造型。駕籠的構造與裝飾則隨乘客的身分各異。

旅宿

■旅客到達旅宿後，先脫掉草鞋、洗腳，藉以緩解旅途疲勞。《東講商人鑑》

旅籠屋

像東海道之類的主幹道沿途都設有各種旅宿以供旅行者過夜，出公差的武家住在規模最大或居次的驛站，而商人或遊客之類的庶民，則住在提供餐飲又能洗澡的旅籠。旅籠屋分兩種：普通的平旅籠屋和飯盛旅籠屋。飯盛旅籠屋雇了許多飯盛女伺候顧客用餐，不過那只是表面，其實這些女侍都是賣春的妓女。

■這塊看板上寫著「浪花講」，「講」是一種類似同業公會的組織。這家旅宿已加盟了浪花講，就像當時很多其他旅宿加入東講一樣。《奧羽道中膝栗毛》

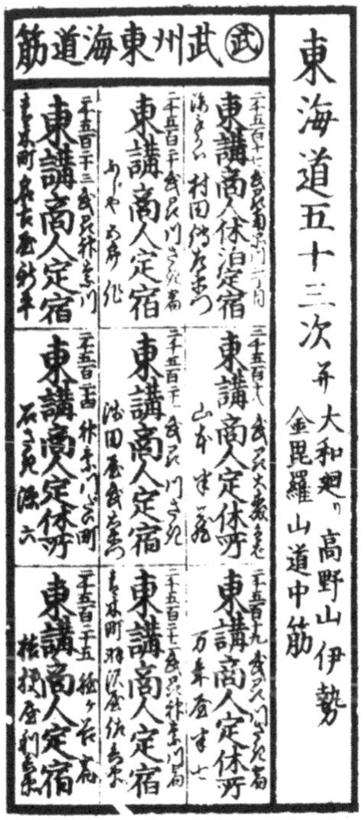

東海道五十三次 并 大和廻り 高野山 伊勢 金毘羅 山道中筋

武州東海道筋

東講商人休泊定宿

東講商人定休所

東講商人定休所

東講商人定宿

東講商人定宿

東講商人定宿

東講商人定宿

東講商人定休所

東講商人定宿

■《東講商人鑑》裡面列出了東海道的商人旅宿。至於東日本商人旅宿周邊的商店，這本書也有深入介紹。

飛腳

江戶時代有一種飛奔傳遞文書的職業，叫做「飛腳」。其中又分幕府御用的「繼飛腳」、全國各藩的「大名飛腳」，以及專為庶民服務的「町飛腳」。「町飛腳」又叫做「三度飛腳」，專門從賣主集中的京坂地區前往大消費地江戶。每月定期往返京坂和江戶之間的「町飛腳」叫「並飛腳」，之後還有更廉價的「每月定期往返三次」服務，叫做「三度飛腳」，以及根據所需日數提高收費的限十日、限六日、限四日等各種快遞服務。

■便利屋扛郵包的木棒尖端掛著一個風鈴。沿途有人聽到鈴聲，便把待寄的包裹交給飛腳，住在便利屋附近的顧客則直接送到店裡。《守貞謾稿》

■送往江戶的「限六日」郵包收費高昂，每件收費六匁（一匁等於一兩的十分之一）。而當時公認屬於高薪職業的木匠，每天的工錢也只有五匁。《人倫訓蒙圖彙》

飛腳

便利屋

便利屋就是在江戶市區小範圍內遞送郵件的町飛腳。最先是日本橋葭町的口入屋（職業介紹所）在淺草與芝分別開設了支店，之後，葭町的總店便專責收取日本橋周邊的郵件，品川等娛樂場所的信件則歸芝支店收取，新吉原的信件由淺草支店負責收取，遞送工作是由收件地點附近的支店負責。除了信件之外，小包也是便利屋遞送的項目。

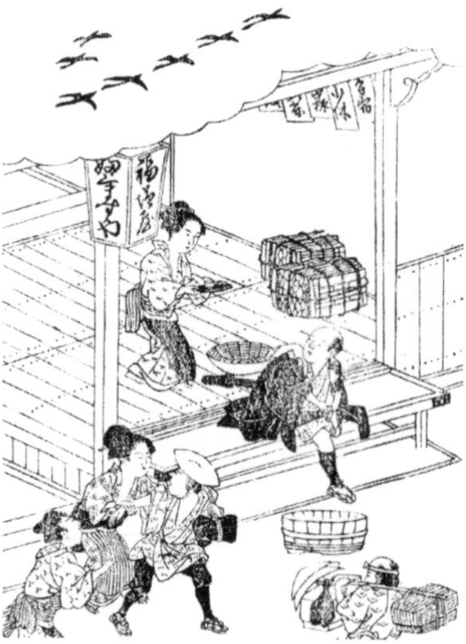

■並飛腳送貨遇到夜晚的話，就在旅籠住宿一夜。《近世奇跡考》

江戸
豆知識

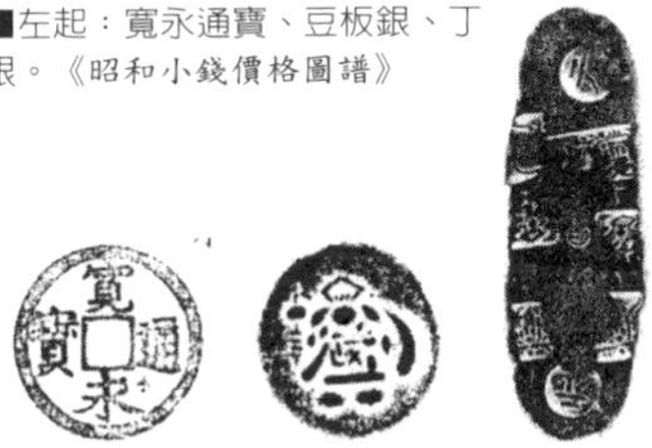

■左起：寬永通寶、豆板銀、丁銀。《昭和小錢價格圖譜》

■一枚小判的價值為一兩。小判的顏色跟山吹（棣棠花）相似，所以也叫「山吹」。（世志此錢占）

【江戸時代的各種貨幣】

●標準貨幣為金幣 時代劇裡經常出現這樣的畫面：長相狡猾的商人從錢包裡掏出裝在信封裡的錢。「先付你這些。」說著，商人便把信封放在雇來的浪人手裡，作為委託殺人的酬勞，或把信封塞進幕府官員的手裡當作賄賂。信封裡通常裝著二十五枚或五十枚價值一兩的通行貨幣小判。進行這種鉅額交易或在買賣昂貴商品時，金幣是不可或缺的貨幣，除了體積輕巧的小判之外，金幣還包括其他四種：一分金、二分金、一朱金、二朱金。四枚一分金等於一兩，四枚一朱金等於一分。江戸時代使用的貨幣共有三種：金幣、銀幣、錢幣。金幣按照面額在市面流通，是所謂的定額貨幣。而相對地，銀幣則分兩種：大型的丁銀與小型的豆板銀，兩者在使用時都需用天秤秤重後才能決定價值。由於這道手續實在過於繁瑣，所以隨著時代的變遷，後來就出現一朱銀、二朱銀、一分銀，也跟金幣一樣在市面上流通。

●武家用金幣、商人用銀幣、庶民用錢幣 概括來說，金幣主要是武士階級使用的貨幣，銀幣則是商人在使用。因此當時江戸通行金幣，京坂通行銀幣。幕府規定的金銀交換率為金一兩等於銀六十匁（匁為重量單位），但這個匯率並非恆定，而是每天根據市場行情有所變動。

而庶民的日常生活則以錢幣為主要貨幣，單位是「文」。譬如蕎麥麵，一碗十六文。幕府的公定匯率是金一兩等於四千文，但錢幣的匯率也是每天隨市場行情改變。

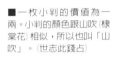

第二章・住宅

家宅建設與生活道具

建設

◆筏夫◆樵夫◆梃夫◆伐木工◆運木工◆木材店
◆大工◆屋頂工◆瓦匠◆左官◆石灰店◆樋竹販
◆砂石販◆疊師◆疊表師
◆石匠◆賣石女◆造園師◆庭石匠◆植木屋◆苗木販
◆箒師◆箒販◆井匠

建具

◆建具師◆唐紙師◆鎊師◆表具師◆毛刷師◆經師

日用品

◆道具屋◆唐物屋◆五金行
◆指物師◆曲物師◆編竹籠◆葛籠師◆圓座◆編莛蓆◆編藺蓆
◆蚊帳店◆蚊帳販◆御簾師◆竹簾販◆火盆匠◆煤球販
◆鐘錶師◆曆書販

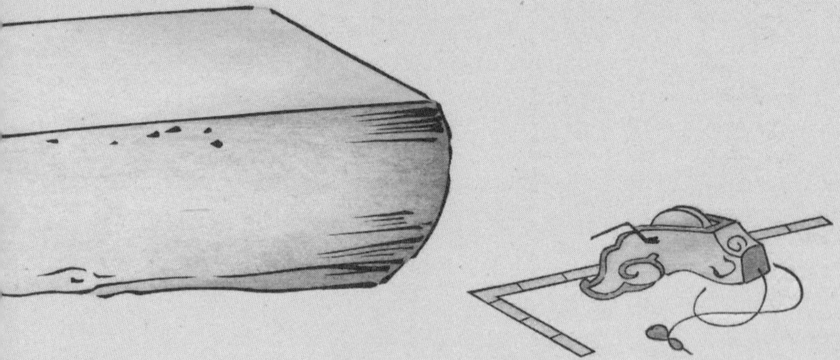

廚房

◆爐灶匠◆荒神松販◆煤灰販◆引柴販◆瓦器販
◆大原女◆薪柴店◆樵夫◆燒炭◆炭柴店
◆銅器販◆焙烙販◆鑄造匠◆焗補匠◆鍋提手販
◆桶匠◆桶販◆篩籮匠◆鼠藥販◆笊籬販◆升斗匠
◆雜貨店◆鐵絲販

◆瓷器店◆焗瓷匠◆塗物屋◆金繕匠◆椀具店
◆楊枝師◆舊椀販◆筷匠
◆割漆匠◆漆店◆塗師◆蒔繪師◆堆朱師◆青貝師◆金粉師
◆旋碗匠◆土器師◆陶物師◆玻璃匠◆錫匠

器皿

■工匠《彩畫職人部類》

照明

◆油店◆油販◆蠟燭匠◆廢蠟販
◆燈籠匠◆修燈籠匠

■出職《諸職人物畫譜》

住宅

職人的任務就是支援生活必需品與房舍建設

家宅是日常起居的場所。幾個家庭同居的裏長屋，豪商富賈的華宅，都算是家宅的一種。一棟住宅在完成之前，跟許多職種發生關聯，從動工到完工後點亮燈光，建築的過程中要用到各種建材。所以在這一章裡，我將按照施工順序，向各位介紹相關職種。先從地基到房屋結構講起。梁與柱組合完成後，安裝主梁，在屋頂鋪上茅草等建材，粉刷牆壁。完成上述工序的同時，房屋才具備了遮風蔽雨的條件。等到屋裡鋪好榻榻米，裝上紙門等配件，整棟房屋才算大功告成。接著，各種家財道具被搬進這個生活的場所。儘管住民的生活型態各異，擁有的家具用品也千差萬別，但一般住宅大致都分成起居室與廚房兩個部分，所以接下來，我要向大家介紹製作生活道具的職人，以及商人販賣這些生活用品的場景。

●居職與出職　木匠、泥水匠、屋頂工、造園師、裝修工、裱糊匠、製作器皿的漆工和陶工，這些全都是職人的工作，譬如像木匠、泥水匠、屋頂工等受雇前往工地施工的職人，都是「出職」的代表性職種；另一方面，在家從事精細手工的職種則稱為「居職」，譬如像製造衣櫃等箱籠類的細木匠、桶匠、編織匠等，都是在自家製造日常用具。江戶時代的日常用品全都是手工製造，為數眾多的「居職人」成為支援人們生活的重要支柱。

●徒弟制度　江戶庶民想要成為商人的話，必須從小去店鋪當雇工，職人跟商人一樣，也需要經過見習的歷程，才能獨當一面承攬工作，雖然出職和居職的見習時間不同，但一般來說，學徒大約從十歲開始跟隨師父學藝，見習十年後，經過一年的

■居職《諸職人物畫譜》

「御禮奉公」，師父準備整套工具送給徒弟，徒弟就算正式出師了。

江戶時代的住宅是用木材、泥土和紙張建造而成。這種建築當然很怕火災。當時江戶城裡發生過多次規模大得超出想像的火災，不僅如此，整條街道瞬間燒毀的火災也經常發生，所以，當時肩負建設任務的「出職人」總是有做不完的工作。

●職人的報酬 根據江戶後期出版的風俗誌《守貞謾稿》記載，江戶時代的大工（木匠）工資雖然沒有明文規定，但是平日的薪資大約是銀五匁，火災後重建的話，由於人手不足，工資就可能漲一倍。當時的銀六十匁等於金一兩，假設每月工作二十多天的話，大工一個月就能賺到金二兩，可見大工在當時是一種高薪職業。而像左官（泥水匠）、紙門裱糊匠、屋頂工等職人的工資也都跟大工差不多。

●江戶人從不亂丟東西 江戶人需要添購日常用品、衣服、棉被時，都是到舊貨店去挑選。當時江戶街頭到處都是道具店，就像今天的二手貨回收店。這些店裡陳列著各種全套家庭用品。買回來的用具如果用壞了，大家也不會隨便扔掉，而是修理之後繼續使用。譬如鍋子壞了，街頭巷尾隨時都能看到補鍋匠背著全套工具四處兜攬生意，只要大聲招呼一聲，他們就能當場把鍋子修好。其他像瓷器、漆器等用具壞了，也有專門修理的職人。

另一方面，從事收購廢物的商人也很多，不僅是日常用品，就連爐灰、用剩的蠟燭等，都有人來收購。

廢物的重複使用和回收利用在江戶時代十分盛行，也有很多專業人士從事這類再生事業，儘管當時二手貨只在狹窄的範圍內轉來轉去，但一般家庭的生計卻也因而獲得些微幫助。

建設

江戶時代的住宅是用木材、泥土和紙張建造而成。下面就讓我們從主要建材的木材開始介紹，然後再順序介紹上梁、蓋屋頂、粉刷等跟建築結構有關的職種。

■木材編成木筏後順流而下運往河口《人倫訓蒙圖彙》

筏夫

山上砍下的木材滾進谷間的溪流，順流而下。就像上圖所示，樵夫拿著鳶口（消防鉤）控制木材的流向。筏夫的工作則是把這些木材編成木筏，隨波沖向下游。

木材

樵夫

據《日本山海名物圖繪》記載，在山中砍木為生的人叫做「樵夫」。他們在深山裡砍伐木材時，不論多大的樹木都不從樹枝砍起，而是一開始就用鋸子截斷樹根。信濃國的木曾是木材產量極大的地方，樵夫到深山伐木時，都會在沿途插上小樹枝作為路標。

■鳶口是一種木棍尖端附有鉤子的工具。樵夫熟練地抓著鳶口把木材推進河裡，大量木材形成「流木」，樵夫在流速極快的河面上跳來跳去，看起來就像猴子一樣。《日本山海名物圖繪》

■正在用鋸子切割原木的樵夫《日本山海名物圖繪》

梃夫

在建設工地負責搬運巨木或大石的人叫做梃夫。就像左圖所示，梃夫們正忙著把小木棍塞到巨木下協助搬運，有時也利用鳶口撥動巨木。

伐木工

■伐木工通常都在木材店裡工作《寶船桂帆柱》

伐木工的工作是用大鋸把木材切成木板或方木塊。通常是從木材的縱面切入，順著木材花紋的平行方向切割。圖中的伐木工手裡拿的是一個人使用的前挽鋸，有時則由兩名伐木工一起使用跟人一樣高的大鋸切割木材。

運木工

說起運木工，眾所周知，在高處作業的工人總是齊聲高唱運木歌。在工地搬運巨木或大石時，這種伴隨勞動而唱的民歌，具備了發號施令的功能。

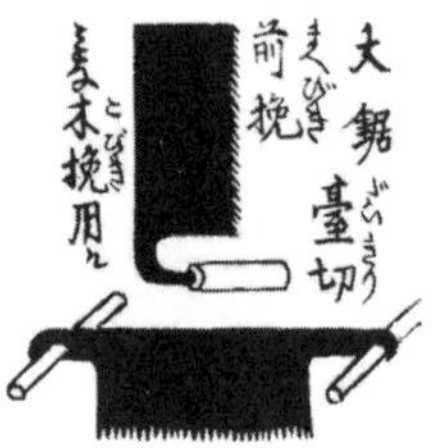

■上方是刀刃較短的前挽鋸，下方是兩人來回拉動的大鋸。《寶船桂帆柱》

木材

■運木工正在拖一根巨木，其中一人揮舞摺扇給大家打氣。京坂地區打地基的時候也像這樣指揮眾人作業。《人倫訓蒙圖彙》

木材店

江戶初期，幕府在深川的木場建造了大型儲木場，縱橫交錯的城河在此交會，河裡漂滿木材，木材店收到訂單後，把木材編成木筏，順流運到顧客手中。木材店的業務原本只是買賣木材，但根據《人倫訓蒙圖彙》記載，這些經銷原木與檜木的木材店其實總店都在京都，許多從事跟檜木有關的職人，譬如做檜木盒或佛像的手藝人，都會到木場來選購材料。

■各種形狀的木材《商賣往來繪字引》

■京都的木材店《人倫訓蒙圖彙》

■江戶的木材店《寶船桂帆柱》

大工

大工這個名詞的定義曾經發生變化。江戶時代以後的大工，是指興建木造房屋的木工。譬如下圖裡寫著「番匠」兩字，日文的發音卻唸「大工」，也就是說，番匠跟大工是同義詞。「番匠」的原意是指輪番值班的工匠，而在奈良平安時代，這個名詞是指從大和或飛驒輪流進入京都為朝廷建設或修理宮殿的木匠。

江戶時代的大工是所有職人當中薪水最高的職種，據《守貞謾稿》記載，大坂的大工每天工資四匁三分。江戶大工的工資沒有硬性規定，但通常是銀五匁或五匁五分。萬一發生大火，各地藩屬派出的援手還沒到達江戶之前，大工的工資甚至可能高達十幾匁。金一兩等於銀六十匁，如果連續十二天拿到五匁工資，等於就是金一兩。大工每天包括午休時間在內，總共可以休息三次，所以每天實際工作時間只有兩個時辰（約四小時）。

■手拿扁斧的木匠正在削平木材表面《寶船桂帆柱》

■木匠正在調整刨子，畫面前方的工具是曲尺和墨斗。《繪本士農工商》

上梁

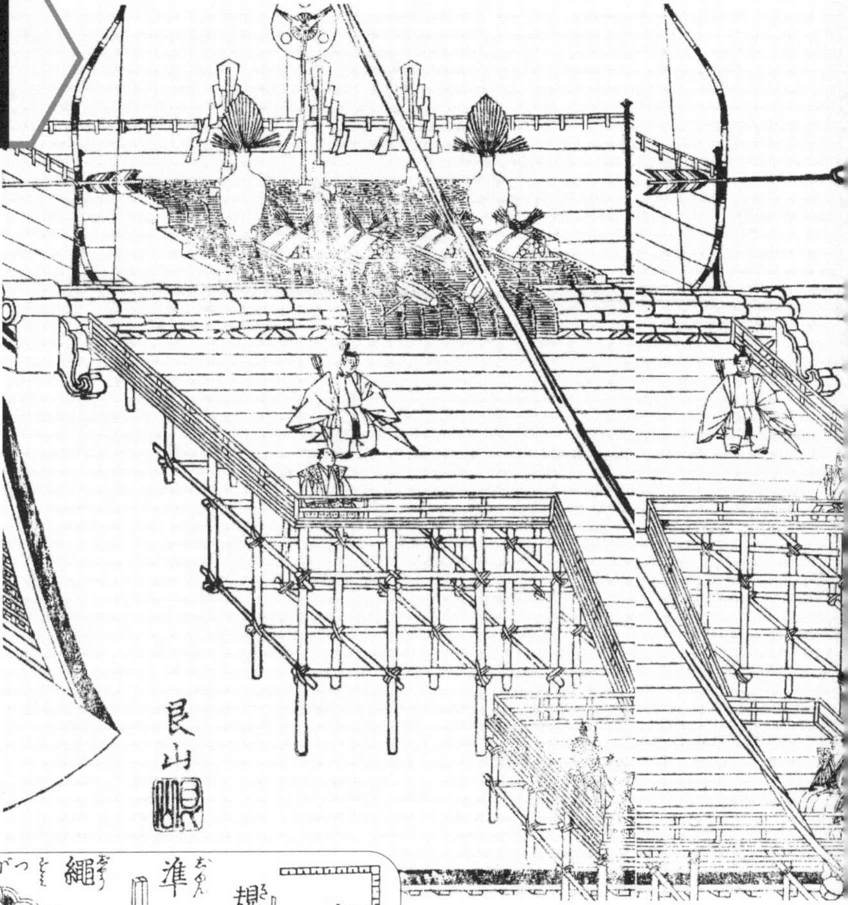

■上梁儀式的景象。屋頂最高處的橫梁搭上去叫做「上梁」，為了慶祝這項作業的儀式叫做「上梁」。《番匠往來》

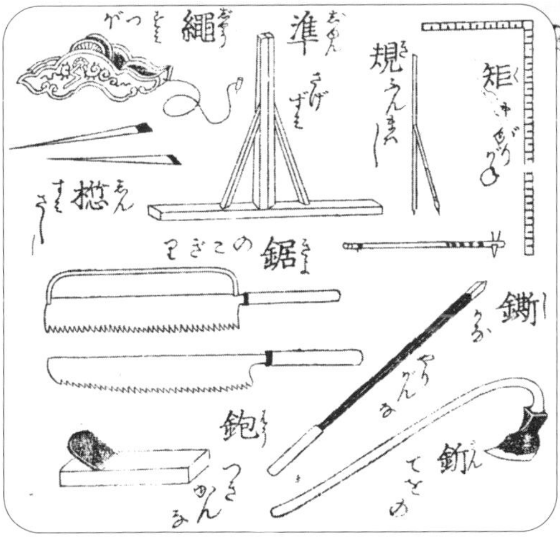

■各式各樣的木匠工具。右上起按照順時鐘方向依序為：曲尺、槍刨、手斧、刨子、鋸子、墨筆、墨斗、墨繩、分回。墨繩為測量柱子是否傾斜的工具，分回即是圓規。《頭書增補訓蒙圖彙》

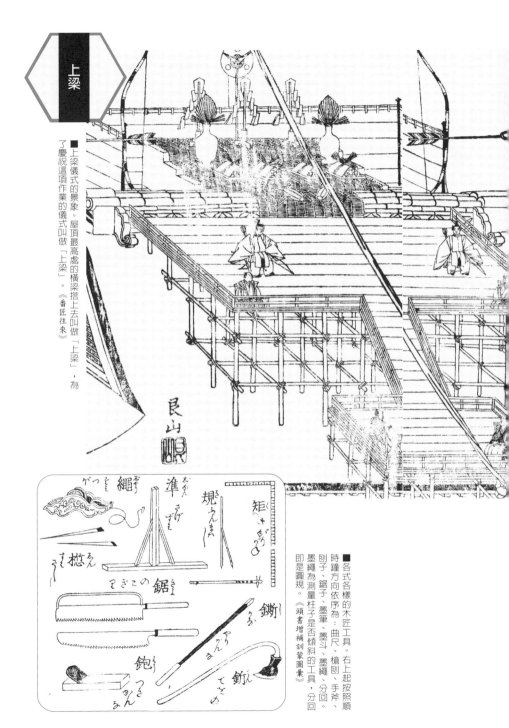

屋頂工

蓋屋頂的方式很多，有瓦頂、草頂、木板頂。幕府在江戶剛剛成立時，一般民家都採用茅草屋頂，但是慶長六年（一六〇一）日本橋駿河町發生了火災，江戶全城都被燒毀。這場火災的起因就是民家的稻草屋頂，幕府從此明令禁用草頂。之後，民家改用木板頂。為了防止火災，當然最好的辦法還是全城都改用瓦頂，但江戶庶民獲准使用屋瓦，是在享保年間（一七一六—一七三六），也就是八代將軍吉宗的時代。這項規定後來又被改為：倉庫使用瓦頂，其他建築則可以瓦頂與木板頂併用。

■長度約一尺的頂板層層堆疊，用木釘固定，這種屋頂叫做「柿葺」。《繪本士農工商》

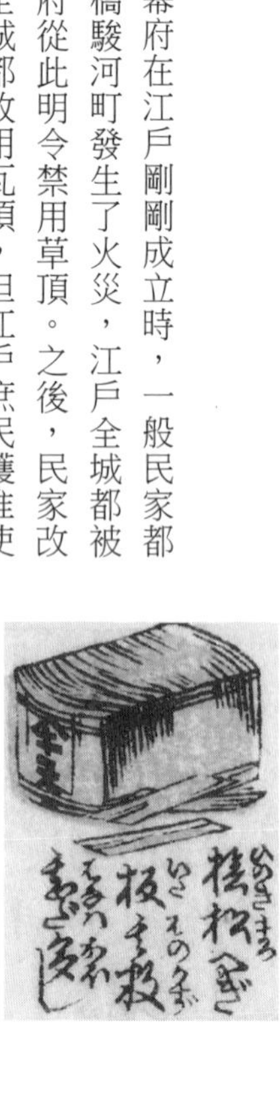

■《商賣往來繪字引》裡記載了頂板的材料，檜木、松木、薄木板等，種類非常多。

■勤奮努力的屋頂工《寶船桂帆柱》

屋頂

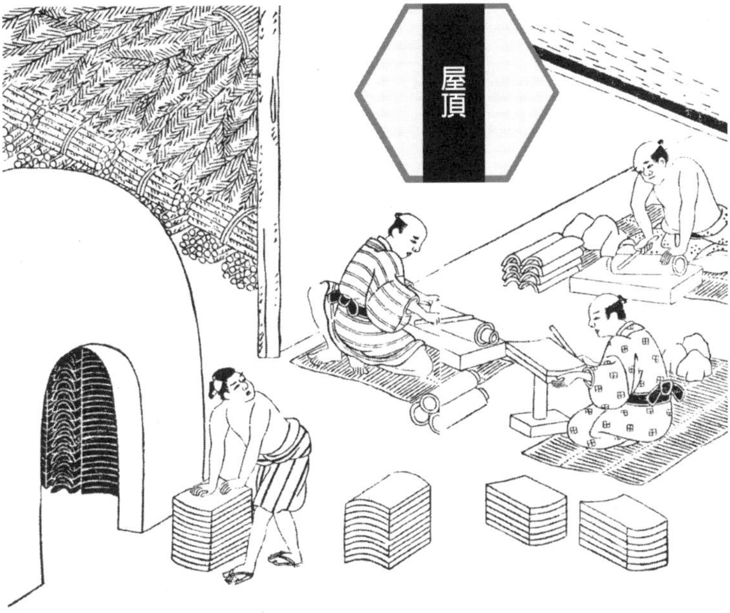

■《日本山海名物圖繪》的「大坂瓦屋町瓦匠」之圖。大坂東高津、西高津地區的泥土色美質佳，燒成的屋瓦既好看，質地又堅韌。據說從前仁德天皇寫過的詩句「登高向遠望，民家無炊煙」，就是形容這個地區。

瓦匠

燒製屋瓦的人叫做「瓦匠」。一般民家普遍使用瓦頂雖然始自江戶中期，但是屋瓦的歷史卻很悠久。聖德太子建造的天王寺，就是採用瓦頂。日本的寺院或城樓一般都使用上圖那種板狀微彎的「平板瓦」，畫中的遠處可以看到平板瓦跟圓弧瓦組成的「本瓦頂」。普通民家主要使用「棧瓦」，是一種平板瓦和圓弧瓦合而為一的簡略型屋瓦。

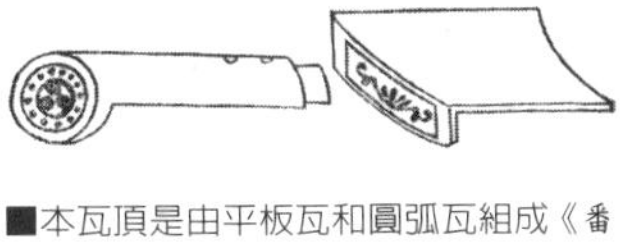

■本瓦頂是由平板瓦和圓弧瓦組成《番匠往來修理大成》

■淺草今戶的瓦匠。圖中的狂歌寫道：「登高向遠望，今戶瓦匠做工忙，瓦窯濃煙滾滾揚。」《寶船桂帆柱》

左官

■職人把茅草切碎後，混在灰粗泥裡作為粉刷泥牆的底料。《今樣職人盡歌合》

左官也叫鏝匠、刷牆工、泥水匠，跟大工同是興建住宅時不可缺少的職人。江戶和京坂的左官這一行不需要執照，而且工資跟大工相同，每年到了新年即將來臨時，有些左官會到相熟的商店或民家幫忙砌爐灶。

■左官正在靈活使用泥鏝（鐵杇）《寶船桂帆柱》

■鏝是用來塗抹牆壁的道具，種類繁多。《寶船桂帆柱》

樋竹販

■樋竹販《今樣職人盡歌合》

樋竹●樋竹是沿著檐下裝置的竹管，用來承受屋頂流下的雨水，通常是用真竹製作。樋竹販背著竹子沿途叫賣時故意把「といだけ（樋竹）」唸成「とゆだけ」或「とひだけ」。

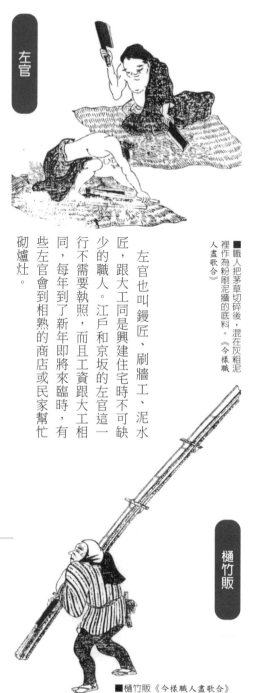

牆壁

■粉刷外牆的左官《繪本士農工商》

石灰店

石灰石加熱燃燒成為「石灰」，可以用來做為粉刷牆壁或天花板的漆喰塗料，這種塗料也經常用來粉刷倉庫或城牆外壁。

■用草編袋包著的石灰《人倫訓蒙圖彙》

砂石販

■據說當時砂石販的牛隻常因妨礙交通而令人嫌棄《人倫訓蒙圖彙》

砂石販一個人牽著好幾頭牛沿途叫賣，牛背上堆滿裝著砂石的草袋。根據《人倫訓蒙圖彙》記載，出售的砂石採用長寬高各六尺五寸的「升」測量，每升細沙十三匁，碎石三十匁，沙土二十五匁，但這段文字關於「升」的尺寸可能並不正確（一尺約為三十公分）。

疊師

「疊」即榻榻米，東日本與西日本的榻榻米尺寸各不相同。以京都為首的西日本民家的房間大小為「京間」，屋柱的間距是六尺五寸，所以榻榻米長度是六尺三寸；關東採用「田舍間」，榻榻米的長度較短。但不論東西，疊師的工作內容是一樣的。首先使用稻草製作榻榻米芯，然後在表面蒙上一層藺草編織的蓆面，再用針線固定，最後使用布邊包住蓆面的邊緣。更換新的蓆面叫做「疊替」，也是疊師的工作。

■這位疊師彷彿在跟左頁插圖的疊師比賽誰做的成品多《寶船桂帆柱》

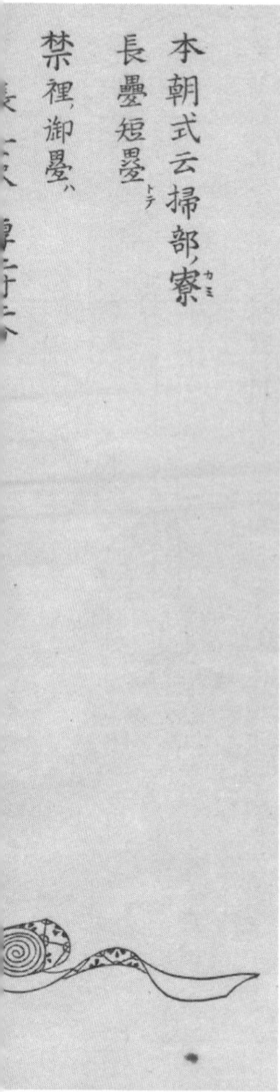

■疊師使用專門的針線固定蓆面與布邊，從服裝打扮看來，這位應是受雇於顯貴人家的疊師。《彩畫職人部類》

■「疊表屋，生意興，銷售範圍廣，廣島、備後與備中，遠銷至琉球。」《寶船桂帆柱》

疊表師

榻榻米的蓆面叫做「疊表」，是用藺草和麻線混織而成。成品通常是以產地命名，譬如像備後表、豐後表、近江表等。備後即廣島，豐後即大分，近江則指滋賀縣。其中以上頁給幕府使用的「備後表」最高級。

疊

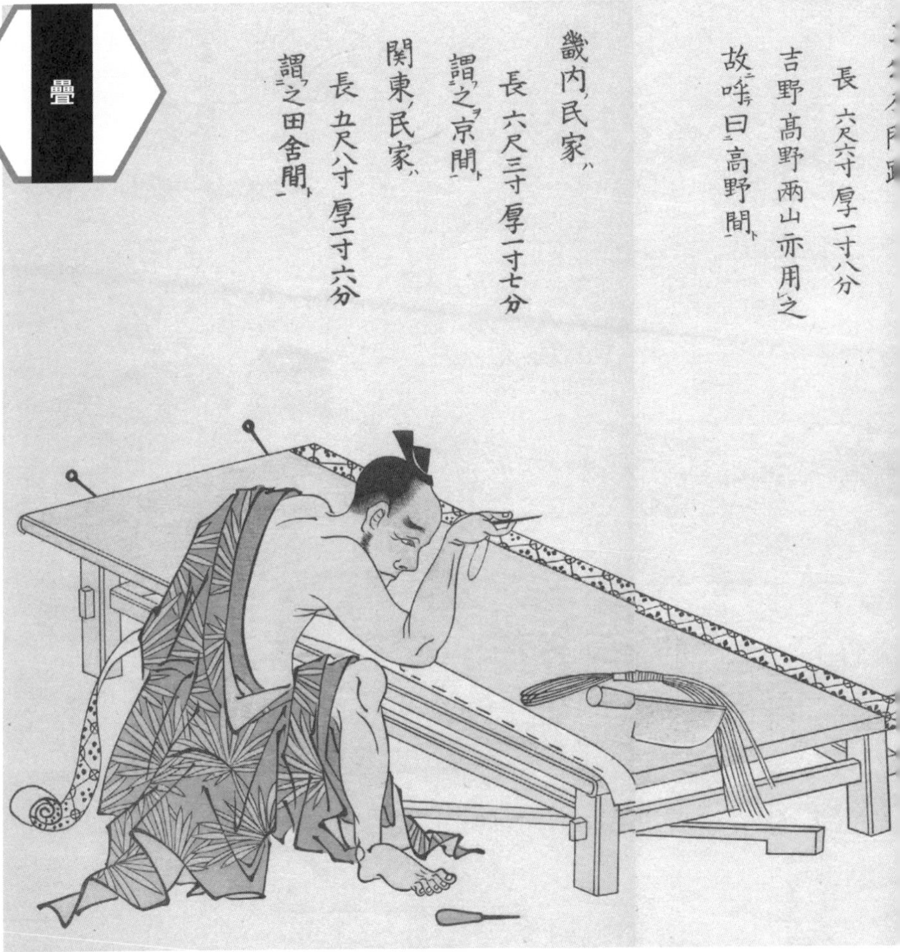

長六尺六寸厚一寸八分
吉野高野兩山亦用之
故呼曰高野間
畿內民家
長六尺三寸厚一寸七分
謂之京間
關東民家
長五尺八寸厚一寸六分
謂之田舍間

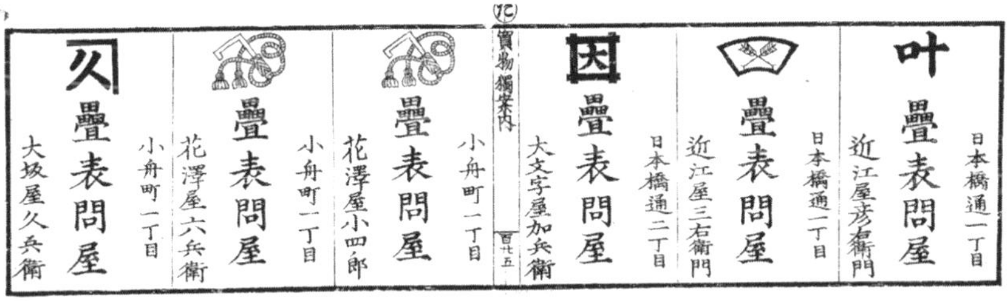

日本橋通一丁目
叶 疊表問屋
近江屋彥右衛門

日本橋通一丁目
疊表問屋
近江屋三右衛門

日本橋通二丁目
因 疊表問屋
大文字屋加兵衛

買物獨案內 百七五

小舟町一丁目
疊表問屋
花澤屋小四郎

小舟町一丁目
疊表問屋
花澤屋六兵衛

久 疊表問屋
大坂屋久兵衛

■《江戶買物獨案內》裡提到日本橋的疊表屋批發商。文化年間（1804~1818）江戶城內登記在冊的批發商共有四十四家。

■「石匠心意誠，全身屏息不動彈，敲敲打打真痛快。」《寶船桂帆柱》

■石匠又叫採石工、石大工。《人倫訓蒙圖彙》

石匠

石匠的工作包括採集、加工石材。大至建造城樓的石牆、石橋，小至打造石燈籠、石水池，都是石匠的業務範圍。不論在截斷或雕刻石材的時候，石匠都拿著鐵鎚往鑿子上敲打。圖中的職人右手拿著一把鐵鎚。

石材

京石材●《人倫訓蒙圖彙》記載：「京都北白川地區盛產石材，其中的溝旁石和西京地區的束石等，交給女性小販負責兜售。這些女人牽著背負石材的馬匹進京叫賣。市區的石匠都在寺町通聚居。」「束石」是安置在地板下方固定屋柱的基石。

賣石女

■當地規定每名賣石女每天可販賣的石材，為一匹馬馱負的重量，叫做「一馱」。《人倫訓蒙圖彙》

造園師

庭園設計這一行在日本已有很悠久的歷史。放置在庭園裡的石頭叫做「築山」，或稱為「假山」。造園師的工作就是設計石頭的位置，配合石頭種植樹木，並負責維護庭園的狀態。

庭園

庭石匠

「庭石」即庭院的景觀石，庭石能夠點綴庭園，有時甚至還成為園景的主角。《人倫訓蒙圖彙》記載，山上海濱的石頭都可以做成庭石，也可做成蒔石、石船、石井、石溝、石水池等。「蒔石」是指散置在茶室庭園的石塊。「石船」則是一種像水槽般的石頭用具。

■造園師正在修剪松樹《繪本庭訓往來》

■洗手的石水池旁邊擺著木勺《人倫訓蒙圖彙》

■植木屋正在修剪盆栽，圖中的大型花盆裡種的是梅花。《今樣職人盡歌合》

植木屋

江戶郊外的染井、駒込聚居了很多植木屋，當地也是一個樹苗的大產地。植木屋都把自己培養的樹苗或盆栽拿出去兜售。染井原是染井吉野櫻的誕生地。據《人倫訓蒙圖彙》記載，京坂地區的「植木屋」是指販賣盆景的商店，店主從全國各地購入枝梢形態特殊的樹木，種在名為「石台」的花盆裡，並在樹身周圍種上各類花草作為點綴。京都的「植木屋」集中在北野，大坂的「植木屋」則位於道頓堀和天滿天神前方。

■植木屋把樹木種在名為「石台」的花盆裡，四角都有附把手。《人倫訓蒙圖彙》

苗木販

苗木販平時挑著扁擔沿街叫賣，就像圖中所示，擔上擺著各種院樹和花草。除了苗木販之外，同樣使用這種扁擔的還有櫻草販、朝顏販、稗蒔販。稗蒔販先把稗子的種子撒在瓦罐裡，等到初夏時分，新芽冒出來了，他們便挑到街頭兜售。當然，顧客購買這種植物不是為了食用，而是為了欣賞新芽的嫩綠。

■苗木販的扁擔。擔上同時還裝著炭爐之類瓦製品。《守貞謾稿》

盆栽●江戶時代的「盆栽」經常被唸成「鉢植（はちうえ）」，因為「盆栽」更廣泛的含義其實是「愛好盆中草木」。即使住在長屋的庶民，也能輕鬆享受這種風雅的樂趣。

箒師

箒即掃帚，把棕櫚、細竹枝、稻稈、箒草粗莖等捆成一把，就成為箒。竹箒用來掃除庭院，棕櫚箒則在室內清掃榻榻米或地板。古代還有一種草箒，是用名為箒木的箒草做成，主要用來清掃酒窖。

■箒師正在製作棕櫚箒《人倫訓蒙圖彙》

■江戶的箒販。京坂的箒販擔子沒有圖中的木框，而是把掃帚掛在扁擔上叫賣。《守貞謾稿》

箒販

箒販沿途叫賣棕櫚箒。當時全國三大都市的箒販都是用新箒交換舊箒。就像現代折價收購舊物一樣，顧客把舊箒交給小販，然後再添點錢，換取新箒。江戶的箒販通常挑著竹箒、草箒一起販賣，而京坂的箒販幾乎不賣棕櫚箒以外的掃帚，其他的掃帚必須到日用雜貨店才能買到。

禪宗的拂塵●掃帚用來清掃灰塵，《人倫訓蒙圖彙》寫道：「寒山、拾得以箒收集落葉，因而省悟有無。禪家的拂塵如箒，拂去心中迷惑，心頭頓感覺悟。」

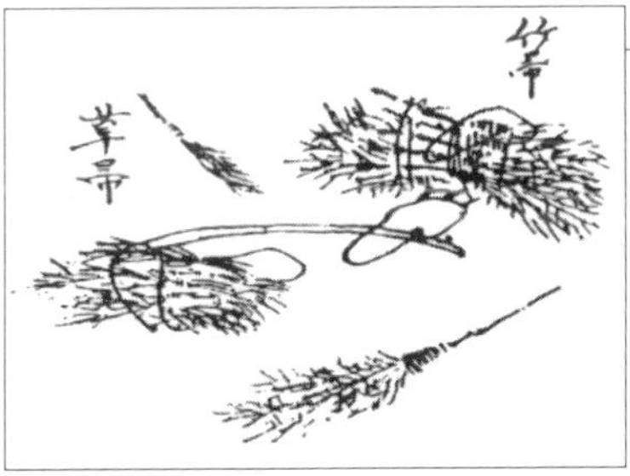

■右為竹箒，左為草箒。《守貞謾稿》

井匠

■井匠尋找地下的流水聲《今樣職人盡歌合》

■長屋居民共用水井洗米、洗衣《萬代大雜書古今大成》

水井

■江戶的自來水井。井身是用無數木片拼接而成，底部有木管引進水流。《守貞謾稿》

「老兄我誕生後的第一個澡，可是用自來水洗的呢。」這是江戶子經常向人吹噓的台詞，句中提到的自來水，是指江戶初期建設的神田上水、玉川上水等所謂的「上水」。當時江戶城內開闢了許多運河，並將附近清潔的河水、泉水引進市內，再用木管分流到各町。就像右圖所示，最終經由木管流進通往水井的竹管。後來由於挖掘深井的技術日漸普及，江戶城內也就不再引用多摩川、井之頭等河流的水源。據《守貞謾稿》記載，當時鑿穿岩層，挖掘地下水的工程需要花費鉅額資金，但後來大坂發明了名為「煽」的掘井機，功能極佳，江戶市內建造一口深井的費用也降到了三兩二分。

東西日本的用水狀況●

京都的自來水最清潔，居全國之首。市內的井水足夠居民飲用與清洗。大坂的井水富含鹽分，積存在井裡過久的話，水面會浮起一層貌似鐵鏽的物質，無法供人飲用。當地人都從河裡汲水，運回家飲用。無法親自汲水的人，可以到水屋購買。江戶也跟大坂一樣，水質惡劣，所以江戶開府之後致力於開發上水道，提供市民飲用水。

建具

建築物的骨架完成後，屋子也暫時具備了抵擋風雨的功能，大工和左官的任務這時就算大功告成了。而房間就算像長屋那麼狹窄，也必須在出入口裝上門窗。這種可以開關的住宅隔板就是所謂的「建具」。

■建具師正在調整紙窗的木框《寶船桂帆柱》

建具師

建具師又叫做「戶障子師」，是專門製作木格門、紙窗、紙門的職人。「戶障子」即指這類門窗，也跟榻榻米一樣，尺寸都是固定的，譬如江戶間（又叫田舍間）的門窗就比京間小一圈。

戶障子

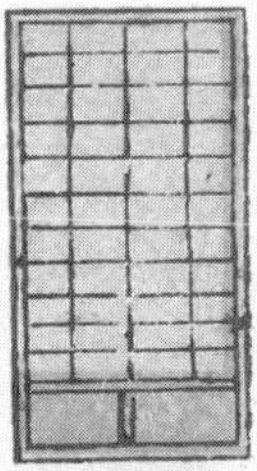

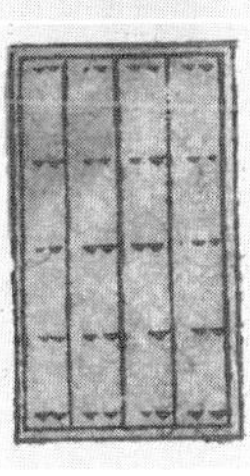

■上圖是底部釘上木板的紙窗，名為「腰障子」。下圖是木板製成的「板戶」。《商賣往來繪字引》

■戶障子師給屏風糊紙之前先要打底《人倫訓蒙圖彙》

■商家使用「襖」隔開店面與店內《商賣往來繪字引》

唐紙師

障子的「障」即「間隔」，表示能夠隔離、防風之意。幕府末期出版的《守貞謾稿》寫道：「現在所謂的『障子』，是指糊上美濃紙的門窗，從前稱之為『明障子』。而從前的障子在京坂則叫做『襖』，江戶叫做『唐紙』。」因此「襖」的別名也叫「唐紙」，就是印著各種花紋的紙張。

■唐紙既可用來糊紙門或屏風，也可當作一般紙張使用。《人倫訓蒙圖彙》

■職人的右邊是風箱（日文為「鞴」），是加工金屬的職人必備的工具。《寶船桂帆柱》

錺師

錺師是利用金、銀等材料加工做成雕金、鍍金工藝品或裝飾品的職人。譬如像紙門、紙窗的拉手，衣櫥的附屬品，都是由錺師打造出來的。

■表具師又稱褙匠或表補。圖中前方是表具師，後方是製作烏帽子的職人。《頭書增補訓蒙圖彙》

表具師

江戶時代的表具師的業務範圍還包括裱糊、重糊屏風或紙門，不過表具師的本業其實是裱褙書畫，製作掛軸與折帖（折疊式書籍）。

■毛刷是繪師、經師、表具師、表紙師都要使用的工具。《人倫訓蒙圖彙》

毛刷師

毛刷是在紙門或屏風上裱糊紙張時必不可少的工具。表具師用毛刷塗糨糊、繪師用毛刷塗顏料（著色材料）、漆匠用毛刷塗油漆。毛刷的種類極多，外型隨用途而異。

經師

據《人論訓蒙圖彙》記載，凡是使用紙類製造的物品，經師都能製作，譬如像各種經卷、卷軸、色紙、詩籤、薄紙、香囊，還有彩繪的紙張，奉獻給將軍的經卷等。據說經師的業務始自經卷，然後衍生至其他範圍。江戶時代以後，經師還開始從事門窗的裱糊工作，工作內容已跟「表具師」差不多了。幕府末期的文件裡曾經提到，裱糊障子與襖等門窗的職人，在京坂稱為表具師，江戶則稱為經師。

■古代有資格進入宮廷服務的經師領班被稱為大經師《寶船桂帆柱》

日用品

放置在起居室的日常用具有哪些？分租的長屋只有兩個房間：進門處的泥地是廚房，裡面另有一個房間。長屋跟大店鋪比起來，居住環境的差距猶如天壤之別，越富有的人家擁有越多家具。

唐物●專指來自中國的舶來品，種類繁多，除了各種器具、紡織品，還有人參之類的藥材，甚至連砂糖都有，全部從長崎輸入日本。

■插圖裡的狂句寫道：「陳年雜貨擺眼前，千年舊物好買賣。」《寶船桂帆柱》

道具屋

江戶時代的庶民想要添購衣物或日常用品時，都是去買二手貨。有些舊貨店販賣的是昂貴的書畫古董，有些舊貨店裡擺滿瓶瓶罐罐的雜貨，凡是收購舊貨再販賣的商店，都叫做「道具屋」。

唐物屋

《人倫訓蒙圖彙》記載，船隻在長崎靠岸後，唐物屋立刻前往收購船上的各種器皿，其中包括香爐、皮革、紙張、藥品、墨、筆等，收購後再拿去轉賣。江戶初期，筆墨之類的唐物非常稀奇珍貴。

■唐物屋也販賣玻璃器皿《人倫訓蒙圖彙》

■成套的盒裝日常用品和棋盤擺在店門口，店內陳列著各種商品，甚至還有附腳架的雅緻餐盒，可供遊山玩水時使用。《繪本士農工商》

家財

五金行

五金行販賣的是銅、鐵等金屬製造的日用雜貨。圖中的店裡有插蠟燭的燭台，還有茶壺，其他如鍋、爐、菜刀和火爐，只要是金屬製造的，店裡都能找到。

■堆滿金屬製品的五金行財源廣進，老闆正在數金幣。《寶船桂帆柱》

收納

指物師

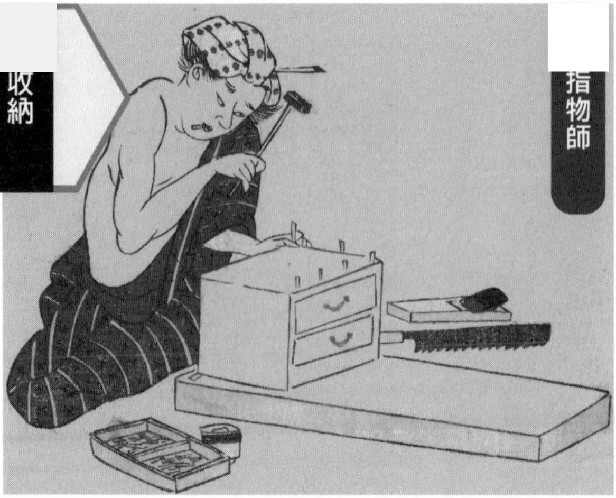

指物師把木釘打進櫃子《今様職人盡歌合》

《人倫訓蒙圖彙》記載，萬能櫃通常採用桐木、檜木或杉木等木材製造，長持（衣箱）或衣櫃則採用杉木或扁柏製造。指物師的工作就是把木製板材組裝成收納用具。使用長持或衣櫃存放衣物時，先把蓋子打開，然後把物品放進去。附抽屜的簞笥（櫃子）有很多種，名稱則根據用途而定，譬如像船簞笥、文件簞笥、藥簞笥等。

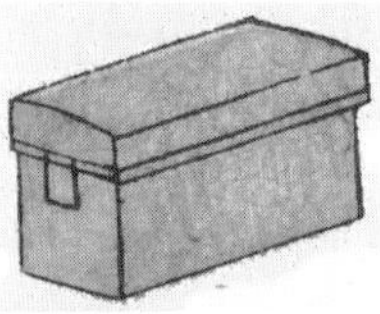

■長持。用一根長棍穿過兩側的金屬把手，就可由兩人一起挑起來。《商賣往來繪字引》

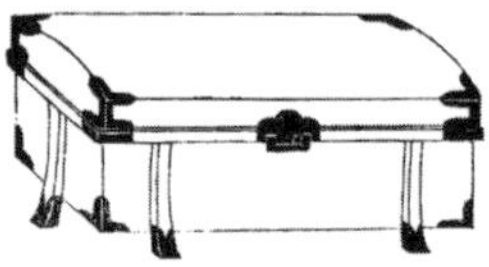

■唐櫃，一種附有六支腳的大型衣櫃。《頭書增補訓蒙圖彙》

■職人正在製作三方盤，左邊的職人手裡拿著一塊檜木板。《繪本士農工商》

曲物師

把檜木薄板捲成筒狀後做成小型容器或木勺等器物的職人，也叫「檜物師」，擅長利用彎曲木板的技術，製造陳列結婚禮品的島台、高腳四方托盤，或是盛裝供品的三方。

■模仿沙洲造型的島台，台上放置菜餚，圖中的島台名為高砂，中央擺設充滿喜慶氣氛的裝飾品。《女遊學操鑑》

■職人用綠色布邊或皮邊包住籃子邊緣《今様職人盡歌合》

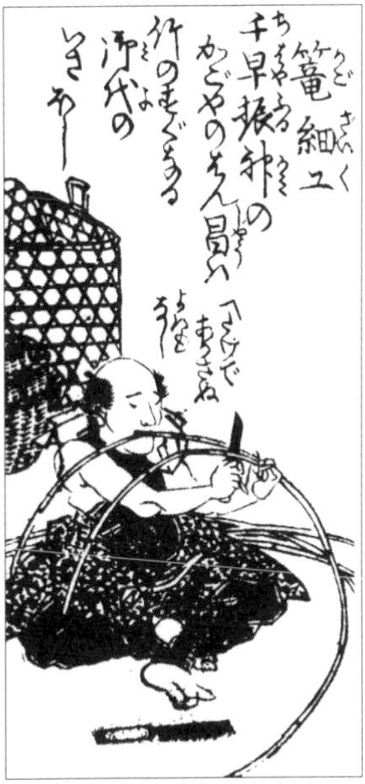

■網眼較粗的葛籠通常都用來背在肩上。飼養鬥雞的唐丸籠跟這種葛籠形狀相似。《寶船桂帆柱》

編竹籠

葛籠師是編織竹製手工藝品的職人，也叫籠結或籠師。江戶時代，很多優秀的竹製手工藝職人都住在著名的溫泉勝地有馬，前往當地湯治的旅客都會購買名產「有馬籠」帶回去送人。

葛籠師

葛籠主要用來收藏衣物，蓋子很深，據說在江戶城裡值班的官員也用葛籠存放棉被。製作葛籠時先把竹子削成薄片，編成箱籠，外面糊紙，塗上名為澀墨的塗料，最後再刷上一層油漆。

■葛籠師正在塗最後一層油漆《人倫訓蒙圖彙》

鋪墊

■編成漩渦狀的圓座《人倫訓蒙圖彙》

圓座

圓座是用稻草或蓑衣草之類的材料編成的圓形坐墊。弘法大師從中國歸國後，在讚岐國（香川縣）教導民眾製作這種坐墊，讚岐圓座因而成為當地的特產。

編蓙蓆

《人倫訓蒙圖彙》記載，裝飾用草蓆、榻榻米蓆面等，都是庶民在家中編成。主要產地在丹波（京都）、近江（滋賀）。其中又以備後（廣島）的產品最有名。

■草蓆放在專用工作台上編織《人倫訓蒙圖彙》

編莚蓆

榻榻米尚未普及之前，一般住宅都用莚蓆鋪地。由於地面不是泥土就是地板，所以採用稻草作為編織材料。莚蓆的用途非常廣泛，除了可供坐臥，商家還用莚蓆墊在賺得的錢幣下面，露天攤販則把莚蓆鋪在路邊，然後把商品陳列在蓆上。

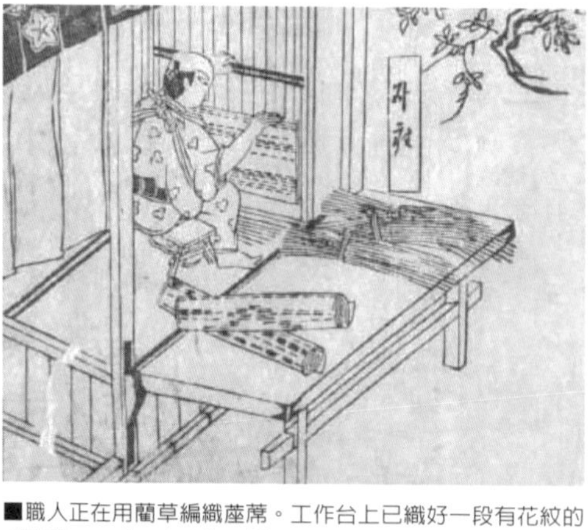

■職人正在用藺草編織蓙蓆。工作台上已織好一段有花紋的「花蓙」。《人倫訓蒙圖彙》

蚊帳

蚊帳店

蚊帳跟錦緞帳幔一樣，都是用來隔開空間的一種布幕。下圖裡的舊式蚊帳看起來就跟帳幕一樣。《人倫訓蒙圖彙》裡介紹蚊帳店的圖片裡，有個人正在折疊蚊帳。店裡陳列著各種蚊帳外，也同時出售用來掛蚊帳的吊繩。

■蚊帳店的店員正在折疊蚊帳《人倫訓蒙圖彙》

蚊帳販

《守貞謾稿》記載，有個近江富商在江戶的日本橋一町目和其他的町開了幾家分店，專門販賣近江生產的榻榻米蓆面和蚊帳，老闆還特地雇用一名聲音嘹亮的夥計，讓他背著貨品到街頭叫賣。

■「淺綠的蚊帳唷！」圖中的蚊帳販正在沿途招攬顧客，他頭戴新斗笠，身穿全新和服外套，陪伴在他右邊的人是夥計。《守貞謾稿》

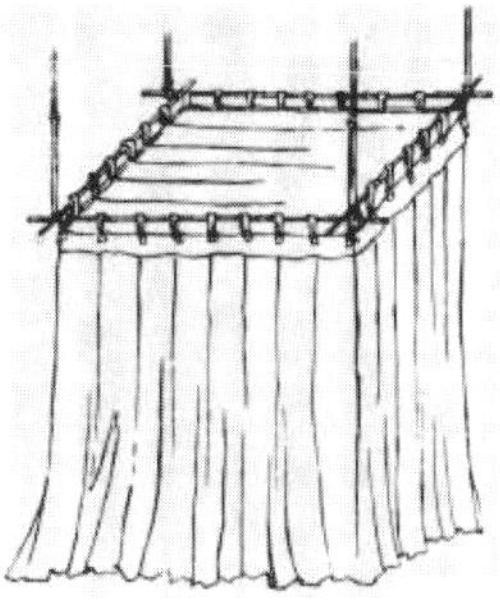

■右圖是舊式蚊帳。蚊帳頂端縫了很多繩紐，是為了穿木棍才縫上去的。《守貞謾稿》

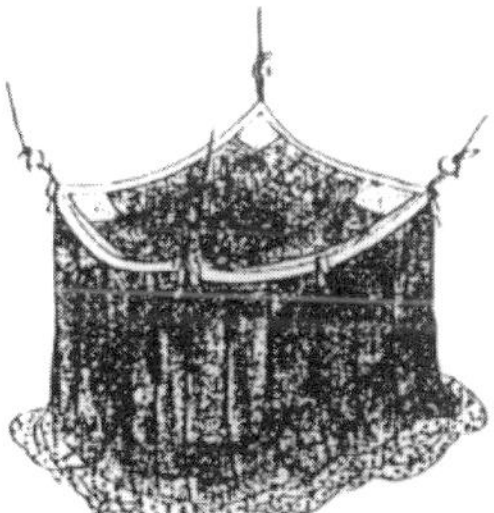

舊式蚊帳●普通蚊帳是把四角用繩子吊起來，也有些蚊帳像左圖那樣，上方用木棍穿過，讓蚊帳垂下。據說要掛蚊帳之前，還要挑個吉日才開始張掛。

簾子

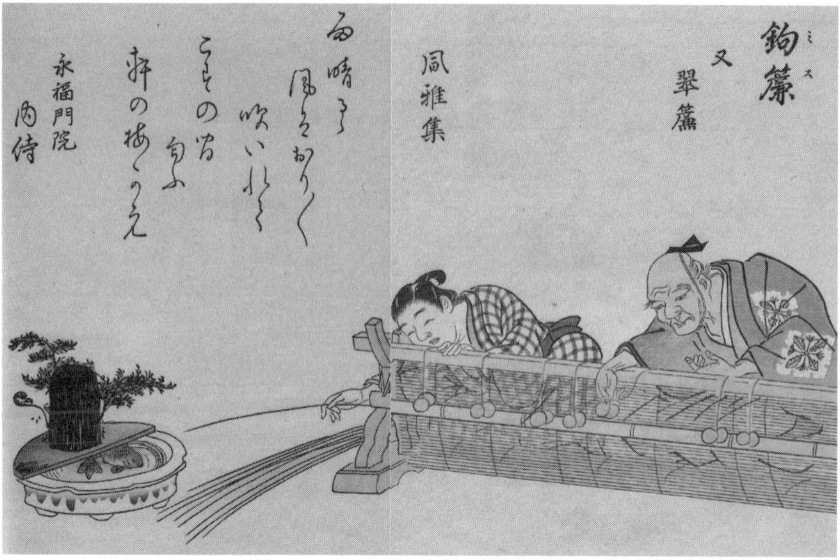

■翠簾師把染成黃色的竹籤串在一起《彩畫職人部類》

御簾師

御簾也寫為「翠簾」，專指身分顯貴的豪宅或寺院神社掛在室內的簾子，通常採用絲綢製成，周圍鑲邊，附有鉤子便於捲起。《人倫訓蒙圖彙》記載，京都宮中有翠簾師負責製作御簾，百姓使用的普通竹簾則在伏見製造。

■翠簾師《人倫訓蒙圖彙》

竹簾販

每年從初夏開始，街頭就能看到叫賣竹簾或葦簾的小販，竹簾通常掛在檐下，葦簾則豎在屋外，兩者都是用來遮陽。每年也是這個時期，江戶的街頭還可看到賣葦簾門的小販，生意談成後，小販帶著鋸子到顧客家中，按照門框大小調節葦簾門的長度。

■小販叫賣竹簾是夏日街頭風景《守貞謾稿》

火盆匠

火盆原本專指桐木等木材挖鑿而成的圓形火盆，江戶時代的圓形陶製品後來也叫做火盆。這是一種利用炭火取暖的道具，盆裡裝著灰燼，既可溫暖身體，又可把水壺放在上面燒開水，是非常寶貴的取暖設備。

■長形欅木火盆，爐中可以燒水燙酒。製作火盆是細木工的工作。《春色戀廼染分解》

■圓火盆和爐架。火盆下面有個爐架支撐，燒水用具則放在火盆上面。《早引漫畫》

取暖

■火盆旁邊有小碗、小盤，圖中的職人可能正在製作陶器火盆。《人倫訓蒙圖彙》

煤球販

據《守貞謾稿》記載：「每年到了冬季，煤球販就出現在街頭。煤球是用煤炭粉和泥土混合捏成的圓球，放在陽光下曬乾後，可當作煤炭使用。煤球有各種尺寸，價格隨大小而定，大約從一文至四文。」煤球一般都是圓形，也有的做成像池田切炭那樣的圓柱形。

■用煤炭粉捏成圓球狀的煤球《早引漫畫》

■煤球販的擔子《守貞謾稿》

時間

鐘錶師

■時計師正在調整櫓形座鐘的鐘擺《寶船桂帆柱》

■工作台上擺著幾只發條，當時的時鐘所標示的時間跟西洋不一樣。《人倫訓蒙圖彙》

江戶時代採用「不定時法」，晝夜各分為六個等分，每個等分叫做一刻。由於四季的晝夜長短隨季節而改變，所以每個季節的晝夜長短都不一樣。「晝」是指日出到日落的時間，譬如在春秋兩季，「晝」的一刻大約等於兩小時，而夏季白晝的一刻就比較長，冬季白晝的一刻比較短。後來多虧鐘錶師利用戰國時代從西洋傳來的時鐘加以改良，才解決了這種計時費事的問題。西洋時鐘是把一天平均分為二十四小時。當時全國各藩的大名幾乎都雇了自己的鐘錶師。

曆書販

■曆書販的手裡拿著單張的簡易月曆，上面印著大月小月。《守貞謾稿》

江戶時代，京都、大坂和江戶等三大都市都可以買到曆書，京坂地區由京都經師中地位最高的大經師降屋內匠負責製作，然後依照慣例，由大坂平野町神明前松浦家販售；江戶是由幕府在元祿年間（一六八八—一七〇四）指定的十一間曆書批發商負責出售。京坂的曆書呈卷軸狀，江戶則主要是小冊或折帖的型態。江戶的曆書販還同時販賣演劇的劇目，以及吉原青樓遊玩指南。

■折帖式日曆看起來很像經卷。每天一行，記錄當天的大事，最上面標示日期，下面則記載年度的重要活動、忌日等。《頭書增補訓蒙圖彙》

廚房

住宅的基本條件就是讓住戶能在屋內烹飪、飲食、休息。房屋不論大小，一定都有廚房，就算是總面積只有三坪多的裏長屋，廚房裡也有爐灶、鍋碗瓢盆和水缸等器具。

爐灶匠

灶是廚房的重要道具，使用時，先把薪柴塞進灶口，再把鍋子放上灶台。灶也稱為爐灶，爐口可以多達五個、七個或九個，適合大家庭使用。

■爐灶匠除了替顧客砌造爐灶外，也會製作方形或圓形火盆。《人倫訓蒙圖彙》

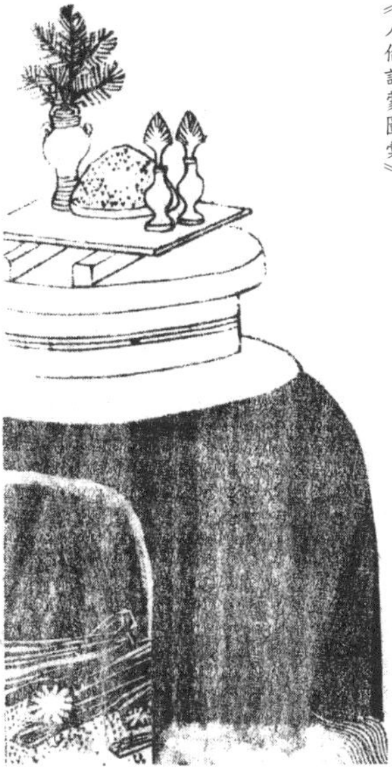

■陰曆每月的最後一天，都要給灶神供上松枝、神酒。《春柳錦花皿後編》

荒神松販

■左邊是江戶的荒神松小販，右邊是京坂的小販。《守貞謾稿》

爐灶

荒神松●供奉三寶大荒神的松枝稱為「荒神松」。火神、灶神等廚房的神祇都屬於三寶荒神。江戶祭祀灶神是把長約一尺的小松枝放在鍋蓋上，京坂地區則把長約二尺至六尺的松枝插在花瓶裡。

煤灰販

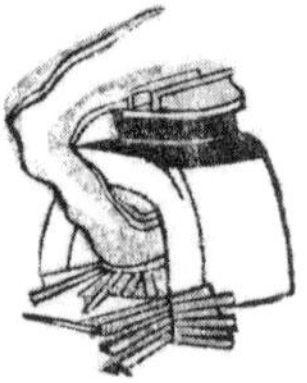

煤灰可做肥料，是農家的必需品。小販收買柴薪燃完後殘留的灰燼，在京坂地區還會連同米糠和棉籽一起收購。他們會如此叫賣：「來買糠種灰喔！」

■肩挑畚箕的煤灰販《守貞謾稿》

■引柴販的擔子。引柴相當於江戶時代的火柴。《守貞謾稿》

引柴販

點火這件事在江戶時代可不簡單，首先要用打火石敲出火花，把火源點燃。等到火源冒出火花，再把引柴放在火源上引燃。引柴是一種短籤式薄板，尖端塗了少許硫磺，比較容易燃著。火源是用一種名為茵麻的植物做成。這種植物的樹莖燒焦炭化之後，很容易點著。

瓦器販

瓦器販叫賣的商品包括京坂所謂的「泥爐」，以及用來澆滅柴火的滅火壺、煎烤食材的淺型土鍋焙烙。「泥爐」就是炭爐，江戶叫做「七厘」，江戶的瓦器都在淺草今戶燒製，所以也叫「今戶燒」。

■瓦器販的擔子，上面全是廚房用品。《守貞謾稿》

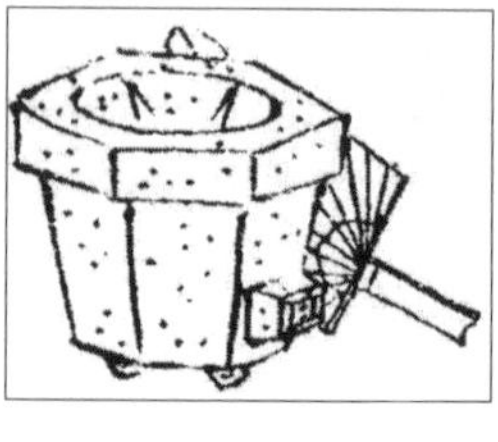

■江戶時代開始普及的炭爐，也叫七厘或七輪，現在仍然很受歡迎。《早引漫畫》

■大原女頭頂薪柴沿途叫賣《頭書增補訓蒙圖彙》

薪柴

薪柴店販賣的薪柴是烹飪不可或缺的材料。據《人倫訓蒙圖彙》記載，三大都市的薪柴主要來自四國與全國其他地區，運貨的船隻靠岸後，計日工把薪柴從船上搬下來送往商店。

大原女

從大原鄉間背著黑木到京都市街叫賣的女人。黑木是在灶上蒸烤成黑色的薪柴，大原女因此也叫做黑木女。據說平安時代平家遭受滅門之禍時，大將平惟盛的妻子阿波的侍女逃到大原後，一直靠叫賣黑木為生。

薪柴店

■圖片裡寫著「薪屋」，「薪」即是「柴火」。《人倫訓蒙圖彙》

■大原、高雄的薪柴由腳夫挑到各地，八瀨、鞍馬等地的黑木則利用馬匹運輸。《人倫訓蒙圖彙》

樵夫

根據《頭書增補訓蒙圖彙》解釋，樵夫即砍柴之人，旁邊添加的假名「きこり」是「伐木者」之意。《人倫訓蒙圖彙》記載，製作筷子、牙籤的木材都是樵夫從深山砍來的。

■國分寺的燒炭由武藏野雜木林裡的炭窯燒製而成。國分寺村就是現在的東京都國分寺市。《江戶名所圖會》

■燒炭的輕煙從深山幽谷的一角裊裊升起，那種氣氛與風情實在令人嚮往。《人倫訓蒙圖彙》

燒炭

砍下的雜木放在特殊的炭窯裡蒸烤後變成木炭。一般認為楢木和姥目樫之類的木材，都能製出質地優良的木炭。譬如像姥目樫製成的備長炭，就是紀州名產。攝州池田深山裡製作的池田炭，也是有名的特產。

木炭

炭柴店

木炭可供庶民取暖，風雅之士用木炭燒水煮茶。每年為冬季準備的粗炭，在春季來臨前就會燒完，存放一個夏季後再拿出來使用的木炭叫做「陳炭」。

■木炭店的雇工正在搬運裝炭的草包《寶船桂帆柱》

池田炭●攝州池田炭的產地在一倉，是用櫟木燒成的木炭，由於發貨地點在池田市區，因而得名。據《日本山海名物圖繪》記載，全國各地都生產木炭，但其中以池田炭的品質最佳。

■著名特產池田炭的外型也很美觀《日本山海名物圖繪》

■《江戶名所圖會》中描繪了川口的製鍋廠情景。圖中冒火的物體是熔鐵的鍋爐。

■銅器販的擔子上掛滿叮叮噹噹的各種鍋碗瓢盆《守貞謾稿》

銅器販

銅器販除了販賣純銅或黃銅製作的鍋子、壺、水壺之外，也接受舊品換新品。京坂的銅器販沿途叫賣時嘴裡喊著：「赤金道具更新唷！」赤金是純銅的日式名稱，更新即交換之意。

焙烙販

江戶並沒有專賣焙烙的小販，但在京坂卻有來自大和的焙烙販。他們一路喊著：「大和焙烙！大和焙烙！」「焙烙」是用來烘焙茶葉或芝麻等食材的瓦製淺鍋，京都稱之為「炒瓦」。

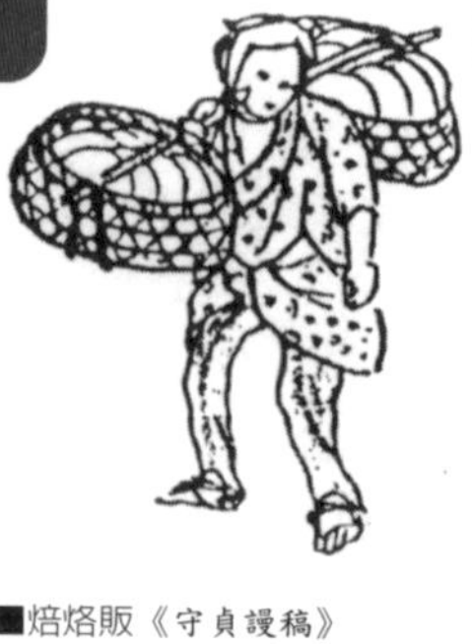

■焙烙販《守貞謾稿》

鍋釜

鑄造匠

■鑄造匠正在研磨鍋釜《今様職人盡歌合》

鑄造物包括的範圍極廣，譬如鍋釜、農具、佛具等，都算是鑄造物。製作方法是把銅、鐵熔成液體，倒進鑄形後加工完成。據《人倫訓蒙圖彙》記載，鑄造匠能用鐵做成任何器物。譬如吊鐘，或佛教每日定時修行時使用的磬，鑄造匠都能製作。江戶時代的越中國高岡、武藏國川口等地是有名的鑄造物產地。

■鑄造匠正在製作吊鐘、茶釜《人倫訓蒙圖彙》

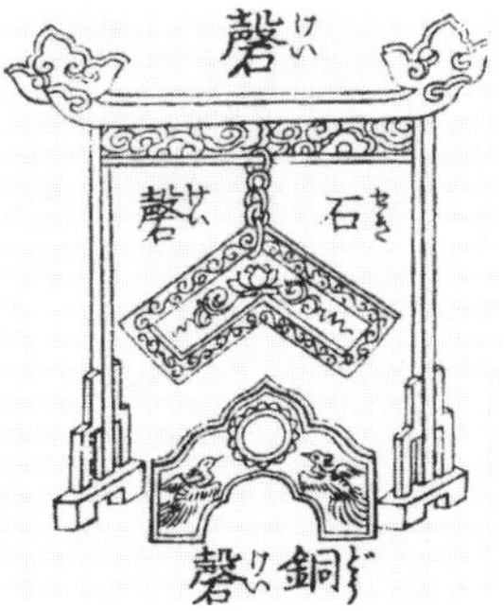

■磬。石磬是演奏雅樂的打擊樂器，銅磬則是佛具。《人倫訓蒙圖彙》

■能登的釜，河內的鍋。能登和河內都是日本中世紀以後的鑄造物產地。《兩點庭訓往來》

■焗補匠為了提高火力，熔化銅塊，正在用力拉扯四方形風箱。《今樣職人盡歌合》

焗補匠

把破損的銅鍋、鐵鍋焊接起來的人，叫做焗補匠。焗補時，先用熔化的銅或錫焊住破損處，然後進行修補。焗補匠修理的器物除了日用品之外，燭台、香爐、花瓶等「佛前三具足」（參看176頁）也負責修補。

■焗補匠正在焊接鍋底的破洞《人倫訓蒙圖彙》

鍋提手販

鍋提手販把鍋子、水壺、茶壺等的提手掛在肩上四處叫賣。《七十一番職人歌合》裡介紹過一個男人在路上叫賣鍋釜，顧客買了鍋子之後，請他裝上提手。有趣的是，竟然還有專門販賣提手的小販在路上叫賣。

■焗補匠用扁擔挑著工具四處兜攬生意，擔子上的道具還包括風箱在內。遇到有人招呼，焗補匠就能當場為顧客修補鍋釜。《守貞謾稿》

■販賣各種器皿提手的小販《今樣職人盡歌合》

木桶

■職人正在收緊桶箍《今樣職人盡歌合》

桶匠

桶匠的工作是製作木桶或木樽。木桶分很多種，譬如洗臉用的手桶，還有水桶、木盆等，尺寸形狀各不相同，但桶跟樽的製作方法都是先把側板圍繞底板排列整齊，然後箍緊。據《守貞謾稿》記載，京坂把製作桶樽的職人一律稱為「樽屋」，江戶則稱為「桶屋」。至於桶與樽如何區別，江戶居民一般認為，有蓋子的叫「樽」，沒有蓋子的叫「桶」，京坂則不管有無蓋子，而是以形狀區分。

桶販

■桶販用扁擔挑著木桶四處叫賣《繪本士農工商》

■醬油樽（上）和裝清酒的四斗樽《商賣往來繪字引》

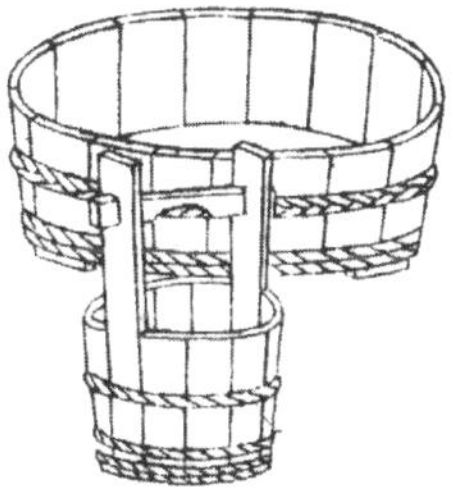

■前方是手桶，後方是水盆，兩者都是洗澡用具。《頭書增補訓蒙圖彙》

箍匠●箍匠是更換新箍，修理破損桶樽的職人，也叫做換圈工，有些職人到顧客家中收回桶樽後在自宅修理，有些職人挑著工具四處兜攬生意，擔上還裝載著成束的細竹條，以便更換桶箍時使用。

■廚師用馬尾籮濾掉雜物《素人庖丁》

■篩籮匠把馬尾編成的網子安裝在圓筒狀容器的底部

篩籮匠

馬尾籮是一種細孔篩籮，主要為了濾掉水分，譬如製作出汁時，就要用馬尾籮濾掉菜渣。網狀部分用馬尾編織而成。據說最先製作這種工具的，是豐臣秀吉從高麗帶回來的篩籮匠。

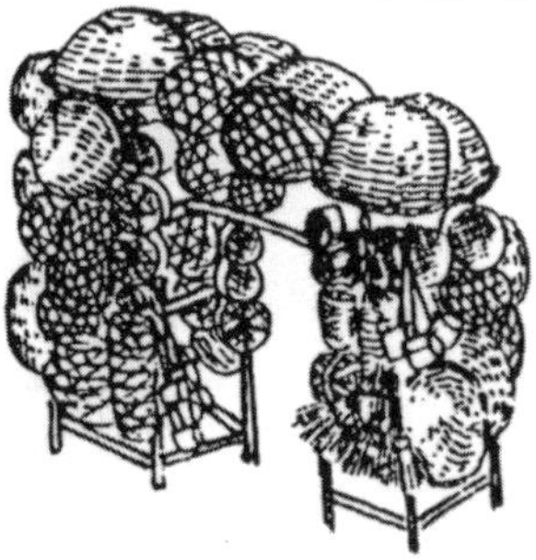

■笊籬販的擔子上密密麻麻地堆滿各種廚房用品《守貞謾稿》

鼠藥販

■京坂和江戶的鼠藥販都扛著一面大旗沿街叫賣，旗子的長度幾乎跟小販的身高一樣，叫賣時喊著：「有了鼠藥不要貓。」《守貞謾稿》

石見銀山●銀礦的副產品是砒石，老鼠藥就是利用這種能夠提煉毒藥砒霜的礦石做出來的。當時的江戶子聽到石見銀山的第一印象，不是世界遺產，而是有毒的老鼠藥。

笊籬販

笊籬販的擔子上掛滿各種烹飪用具，除了笊籬外，還有蒸籠、味噌濾篩、木勺、飯勺、馬尾籮等。小販挑擔喊著：「笊籬唷，味噌濾篩啊。」也有些小販只賣一種物品，譬如像木勺或馬尾籮，還有些小販只負責修理上述廚房用具。

雜貨

■升斗匠正在製作「弓弦升」，這種升斗的開口處附加一根對角斜跨的鐵條。《人倫訓蒙圖彙》

升斗匠

升斗是日常生活中用來測量米、酒的道具。容量分好幾種，從小到大的順序為：一合、二合半、五合、一升。另外還有更大的五升、七升、一斗。這些量器都是根據幕府於寬文年間（一六六一－一六七三）制定的標準製造而成，其中以一升的升斗為基準，長寬各四寸九分，深度為二寸七分。

雜貨店

販賣笊籬、木桶、掃帚等雜貨的商店。《人倫訓蒙圖彙》中還可見店中販賣各種旅途上所需之物，例如行李打包用的防水紙、繩子、細繩、騎乘載運行李的馬匹時專用的木屐等物品。

■江戶初期的雜貨店，店裡陳列著草蓆、繩子和斗笠。《人倫訓蒙圖彙》

■據說鐵絲販暗中負有其他的任務，他們都是幕府的忍者《今様職人盡歌合》

鐵絲販

《頭書增補訓蒙圖彙》記載，鐵絲又叫針金，銅線是赤金的針金，也叫銅絲。圖中這名鐵絲販手上的東西，似乎是用來製作鐵絲網和篩籮的銅線。圖中文字寫道：「今天是十二日，就到山谷的青樓去吧。」當時附近的吉原每個月都舉辦許多活動，但十二日有活動的，只有七月十二日的「草市」。這個小販能賺到錢嗎？

器皿

江戶時代的一日三餐，基本上只有一菜一湯。所以吃飯時，每個人的餐盤裡只需飯碗、湯碗和醃菜小碟各一個，就夠了。當時的餐具主要是陶瓷器和漆器，下面就讓我們介紹當時販賣餐具的商店和職人。

■瓷器店裡陳列著酒器、食器，應有盡有。《人倫訓蒙圖彙》

■老闆暗自笑道：這個碗很不錯。《寶船桂帆柱》

瓷器店

尾張國有個地方叫做瀨戶，這裡生產的陶瓷器通常被稱為「瀨戶物」，販賣這些陶瓷器的商店則叫做「瀨戶物屋」。陶瓷器在日本全國各地都能生產，但是日用陶瓷器卻是以瀨戶物為主流，並在全國廣泛流通。瀨戶物在西日本也稱為「唐津物」。

鋦瓷匠

鋦瓷●從前的人如果打破了陶瓷器，通常是用漆把破損處黏合起來，然後再塗上金粉。直到寬政（一七八九—一八〇一）中期，鋦瓷的技術才普及起來。鋦瓷是用糯米粉或一種名為「布海苔」的海藻把斷裂破損處黏住，然後再加熱固定。當時除了價格昂貴的瓷器或茶具外，一般日常器具都用這種方式修補瓷器。

■東日本和西日本的鋦瓷匠使用的箱籠形狀各異。圖中的前方是京坂的箱籠，後方是江戶的箱籠。《守貞謾稿》

食器

塗物屋

塗物是指反覆刷了幾層油漆的漆器。日文裡凡是名為「椀」的湯飯容器，都是指漆器。婚禮喜宴的酒樽、喜慶節日的餐盒，全都採用充滿美感的漆器。

■漆器雖然不容易損壞，價格卻相當高昂。《寶船桂帆柱》

■左上的器皿叫做「耳盥」，是江戶時代已婚婦女染黑牙齒時使用的道具。右下方堆在地上的是角盆。《人倫訓蒙圖彙》

金繕匠

■任何破損的器物金繕匠都能用漆修復《人倫訓蒙圖彙》

椀具店

《人倫訓蒙圖彙》提到一種販賣各種漆器的商店，店裡陳列著椀、角盆、便當盒、托盤、餐盒、提盒。角盆是用來盛裝食器的方形木盤，提盒則是手提餐盒，可以裝著酒器、食器到野外享受。

楊枝師

■楊枝師正在製作「平楊枝」《人倫訓蒙圖彙》

楊枝師製作的楊枝分兩種：打楊枝和平楊枝。「打楊枝」是把木片尖端敲散，也叫做「房楊枝」，可用來刷牙。「平楊枝」則是木製小叉，通常放在點心或醃菜的小碟裡代替筷子使用。京都粟田口和江戶淺草的楊枝都很有名。

■筷匠正在削木材《人倫訓蒙圖彙》

筷匠

筷子可用杉木、檜木或竹子做成，有很多種形狀，譬如像圓筷、八角筷等。據《人倫訓蒙圖彙》記載，茶席使用的數寄屋筷是最好的筷子。

舊椀販

舊椀販專門負責收購用舊的木椀，通常是把舊椀重塗一層新漆之後拿去販賣，也有些小販直接把舊椀拿到中古市場兜售。圖中的說明文字寫道：這個「盒子」與其修好重漆，不如直接拿到世田谷的市場出售。「盒子」是指有蓋的木椀。

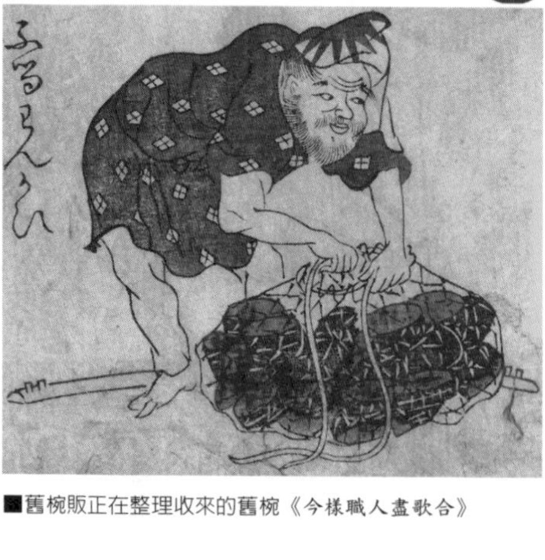

■舊椀販正在整理收來的舊椀《今様職人盡歌合》

■淺草寺院內的楊枝店。就像圖中所示，同時有好幾個賣楊枝的攤位，其中那個附帶屋頂的攤子，主要販賣刷牙的房楊枝。《江戶名所圖會》

■漆匠正在製作漆器工藝品。江戶時代專稱漆匠為塗師。《頭書增補訓蒙圖彙》

■漆。漆樹的果實收集起來可以製蠟《商賣往來繪字引》

割漆匠

「漆」是製作漆器的基本材料，也就是漆樹的樹汁。割取漆樹汁液時，先用鐮刀在樹皮上劃個裂口，樹汁立即湧出來，然後再用竹片刮下生漆。割漆匠的工作就是種植、栽培漆樹，並且負責割取樹汁。

■先在漆樹皮上割開裂口，然後刮取樹汁。《人倫訓蒙圖彙》

漆店

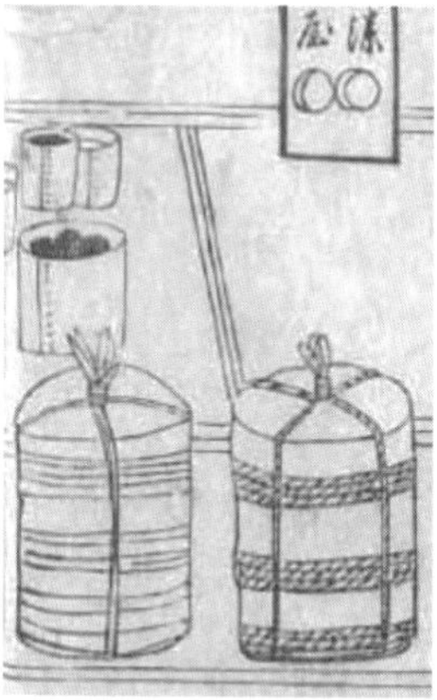

漆店販賣的漆已經除去不純雜質，加工成為可以立即使用的狀態。除了漆以外，漆店也賣砥粉。砥粉是用砥石和泥土燒製而成，可以當做上漆之前打底的材料，也可用來為木材上色。

■漆店門口排滿漆桶，等於就是漆店的看板。《人倫訓蒙圖彙》

漆

■塗師即漆匠，是一種在家工作的「居職」。《寶船桂帆柱》

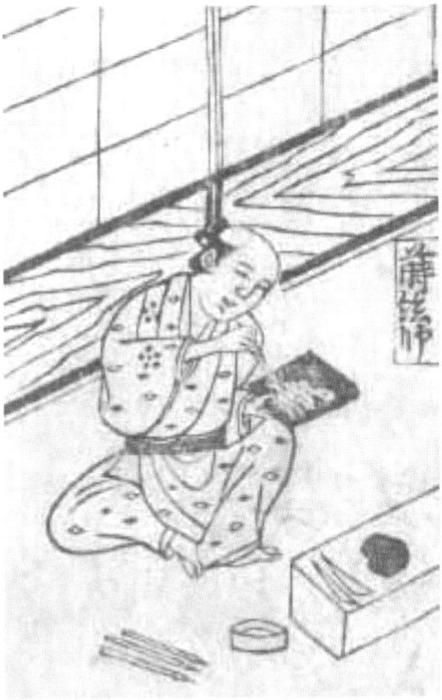

■蒔繪師。據說蒔繪的打稿作業是由其他人負責《人倫訓蒙圖彙》

塗師

旋碗匠（請參考91頁）削好木椀之後，負責上漆的職人叫做塗師。除了木椀之外，塗師也為各種器皿上漆，但據《人倫訓蒙圖彙》記載，佛像另有專人負責上漆，這種職人叫做「佛塗師」，而專為刀鞘上漆的職人叫做「鞘塗師」。

蒔繪師

蒔繪師是擁有專業技術的塗師。繪製蒔繪之前先要塗一層底色，然後才在底色之上用漆描繪圖畫或紋樣。蒔繪的作業程序非常複雜，跟普通繪畫完全不同。普通的繪圖只要在畫布上畫完圖樣就算完工了，但蒔繪卻需反覆上漆，等漆乾了再磨，磨了再塗，總之，是一項非常考驗耐性的工作。

■蒔繪的餐盒與高腳杯墊
《小野篁歌字盡》

■雕漆匠正在製作一張彎腿的矮几《人倫訓蒙圖彙》

堆朱師

木製器物上面塗上一層又一層的紅漆，然後在紅漆上雕出花紋的技術叫做「堆朱」。這種技術始於中國唐代，日本在室町時代曾經出現過著名的雕漆匠，也叫堆朱師。將紅漆改為黑漆的技術叫做「堆黑」。

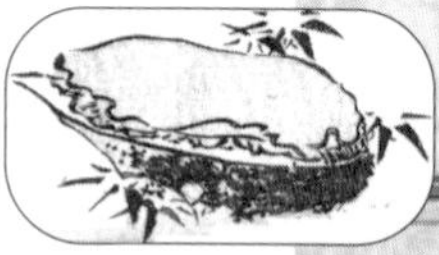

■鮑魚是最具代表性的青貝《繪本手引草初編》

青貝師

青貝是指鮑魚或發光的夜光貝等貝類，也是製作螺鈿工藝的材料。青貝師把貝殼內側的表面切下來組成各種紋樣，貼在器物表面，並製成漆器。《人倫訓蒙圖彙》記載，青貝師負責收購青貝，製作各種圖案，並做成各種器物。最後再由其他的塗師把漆塗在螺鈿花紋上。

■金粉師製作金粉、銀粉《人倫訓蒙圖彙》

金粉師

金粉師的工作是負責製作蒔繪師不可或缺的金粉、銀粉，然後撒在漆繪的紋樣或畫面的背景。破損的茶具也可用漆黏合，再塗上金粉當做裝飾。

木材

■職人聚精會神鑿切的似乎是個木缽，他手裡拿著專門配合轆轤使用的鑿子。《繪本庭訓往來》

■轆轤也是把吊桶從井裡提起的工具《頭書增補訓蒙圖彙》

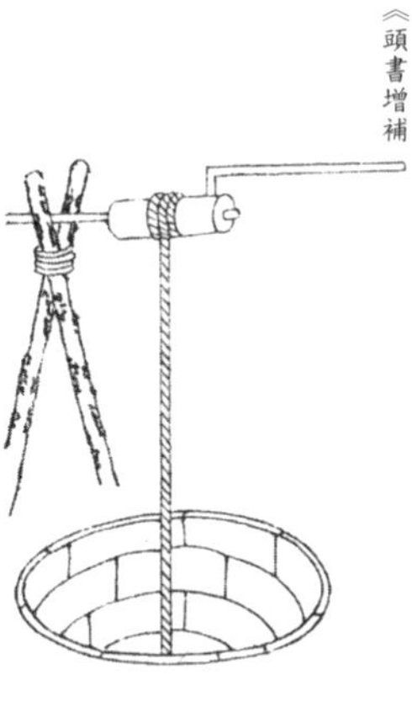

旋碗匠

利用轆轤把木材削成碗缽的職人叫做旋碗匠，跟轆轤師並稱「旋木匠」。燒製陶瓷器時是把泥土放在轆轤台上旋轉，削切木材時則像圖中所示，一個人負責轉動橫臥的轆轤軸，另一個人用鑿子削切木材。

■器物轉不停，喜迎家財從天降。《寶船桂帆柱》

陶器

■京都深草的土器師。陳列在畫面前方木台上的伏見人形，也是全國各地陶偶的起源。《日本山海名物圖繪》

土器師

土器是指不塗釉料就直接入窯燒製的粗陶器，土器師則如圖中所示，是專門製作土器杯盤的職人。《日本山海名物圖繪》記載，土器師以燒製狐、牛等陶偶，以及各種人形、器物為職業。京都伏見的深草生產的陶偶、陶器都很有名，當地製作的人形叫做伏見人形。

■成品入窯燒製之前，土器師先把成品放在太陽下面曬乾。《人倫訓蒙圖彙》

陶物師

■陶工製作的用具種類極多，譬如像茶杯、茶葉罐、花瓶、茶壺、盤子等。《人倫訓蒙圖彙》

陶物即是陶器，陶物師是使用陶土製作茶杯、碗盤的職人，也就是所謂的陶工。江戶時代的書籍記載了各種稱呼「陶物師」的名稱，譬如像陶匠、陶工、陶人。而陶物師跟燒物師，或者再加上鑄造匠，三種職業同屬「陶冶類」職人。

土器●土器即陶器，日文的唸法有兩種，繩文式土器或彌生式土器的「土器」唸「どき」，其他同樣也是陶土燒製而成的陶器、瓷器雖然也是「土器」，唸法卻是「かわらけ」，而且製作土器的職人不唸成「どきし」，而是唸為「かわらけし」。土器燒製溫度比陶瓷器稍微低一點。

■陶匠欣賞著轆轤台上的陶器。轆轤隨意轉，陶工心花放。《寶船桂帆柱》

玻璃匠

玻璃可用來製作酒器或髮簪之類的裝飾品。製作步驟是先把玻璃加熱至熔化，再以吹氣的方式吹成各種形狀，據說這種技術是戰國時代遠渡重洋來到長崎的荷蘭人傳來的。玻璃器皿也叫必多羅（vidro）或加曼（diamant），前者是葡萄牙文的玻璃器皿之意，後者來自荷蘭文，加曼是鑽石之意，因為切割玻璃必須使用金剛鑽。

■職人用鐵鉗修整器具的外型《今様職人盡歌合》

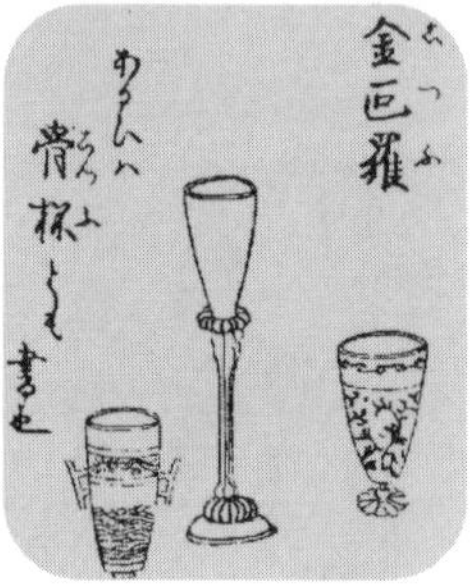

■各種玻璃杯《卓袱會席趣向帳》

錫匠

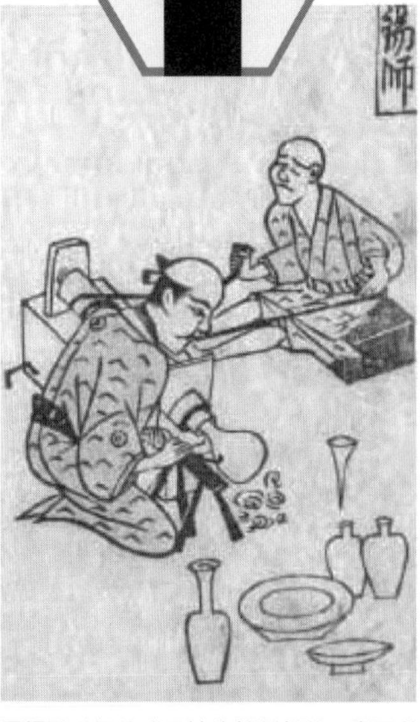

■錫匠手裡的成品被他越削越薄。畫面前方的酒杯和裝神酒的酒壺，是最具代表性的錫器。《人倫訓蒙圖彙》

錫

鑄造匠使用銅、鐵鑄造鍋釜，錫匠則使用鉛、錫製作酒壺、小缽、茶壺等器具。圖中的錫匠從鑄型裡拿出成品後，套在類似旋碗匠使用的轆轤上，進行最後的鑿切作業。江戶時代全國主要錫器產地為京坂、江戶、薩摩藩。

■用來熱酒的錫酒壺《素人庖丁》

照明

江戶時代的照明設備主要是燃燒燈油的行燈和蠟燭。蠟燭可供室內使用，也可在外出時插在燈籠裡。住在裏長屋的庶民雖然生活清貧，還是需要點燈照明。

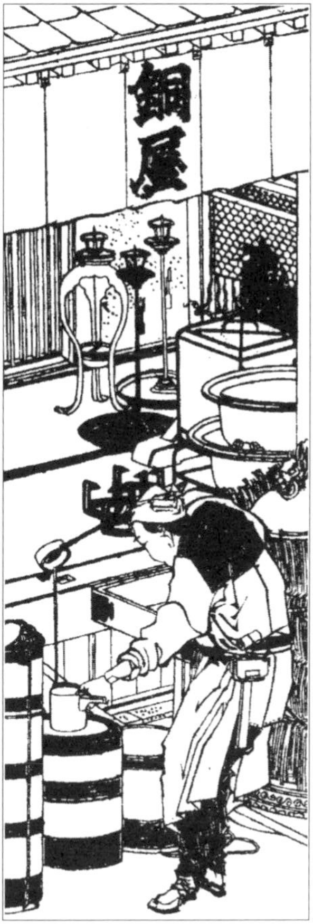

■暖簾下方可以看到幾個燈架。即使在蠟燭普及的江戶時代，使用油燈的人家還是很多。《繪本庭訓往來》

油店

油店主要是販賣一般家庭使用的燈油，這種油是用菜籽壓榨而成。使用燈油的照明用具叫做行燈，構造非常簡單，燈罩中間有個裝油的小碟（油盤），裡面有一條燈芯浸泡在油裡，只要點著燈芯尖端就能發光。

油販平日挑著油桶和天秤沿途叫賣，京坂和江戶等三大都市的油販所穿的服裝都差不多，一件藍色棉製和服，外面繫一條柿漆染色的連身長圍裙。唯一不同之處是，江戶的油販在油桶下面裝置木箱，京坂的油販卻沒有。

油販

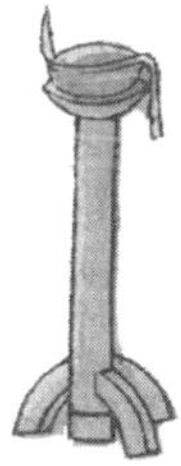

■圖中的油燈叫做短檠，燈架上方撐著一只油盤。燈架較高的油燈叫做長檠《商賣往來繪字引》

■油販的手裡拿著油壺。圖中左邊是京坂油販的擔子，右邊是江戶油販的擔子。《守貞謾稿》

蠟燭

蠟燭用來照明時，可以插在燭台上，也可放在燈籠裡。製作蠟燭的原料來自黃櫨或漆木，把這些植物的果實榨油之後，再一面加熱一面製成蠟燭。傳說日本在三世紀的大和朝廷的時代就已經有蠟燭，不過蠟燭在全國普及，是在江戶時代以後。由於蠟燭的價格比較昂貴，一般庶民的照明工具主要還是油燈。只有大商店和武家才使用蠟燭照明。

■不論哪裡的蠟燭店都在門外掛著一塊看板，顧客一眼就能認出。《繪本士農工商》

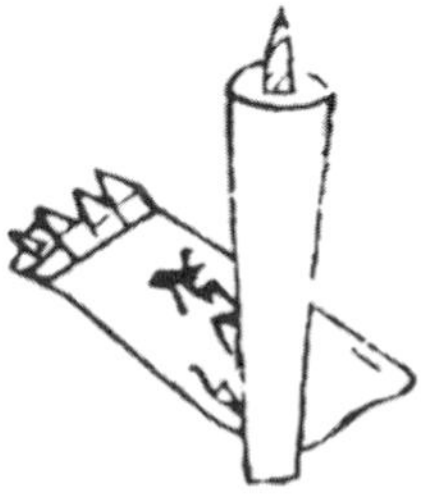
■蠟燭。蠟燭是商家照明的必需品。日落後店門雖已關閉，但有了蠟燭照明，店裡還是可以繼續工作。《商賣往來繪字引》

蠟燭匠

■蠟燭匠用紙捻成燭芯，然後反覆塗上一層一層的蠟，做成蠟燭。《寶船桂帆柱》

廢蠟販

專門回收燈籠或燭台剩下的廢蠟。小販身上背著包袱，手裡拿著一把秤。他們把回收的廢蠟融化後，加入燭芯，再製成新的蠟燭。

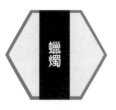

燈籠

■手拿圓規的燈籠匠正在燈籠上畫出圓形紋樣《寶船桂帆柱》

燈籠匠

燈籠是使用蠟燭的戶外照明工具。

■修燈籠匠替顧客重新畫上店號標誌《守貞謾稿》

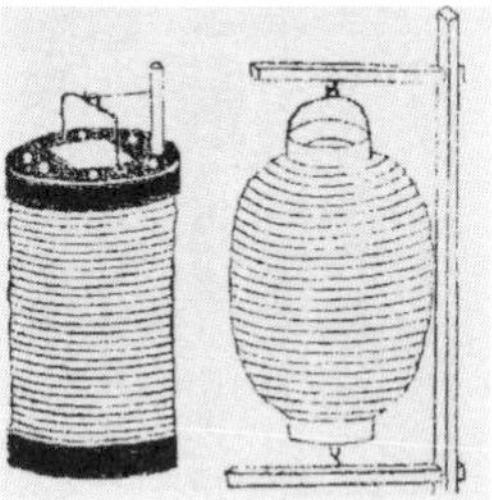

■右邊是高張燈籠，左邊是箱形燈籠《頭書增補訓蒙圖彙》

修燈籠匠

修燈籠匠挑著剛換上新紙的燈籠罩出門招攬顧客，業務內容包括：新貨換舊物，重新畫上店號或圖案，最後再刷一層桐油。大坂的修燈籠匠也修破斗笠或破傘。

各種燈籠●有柄燈籠掛在手柄的尖端，料理店借給熟客使用的就是這種燈籠；巡捕捉拿犯人時使用公家的弓張燈籠；上下兩端附有圓蓋的，叫做箱燈籠，折疊時呈圓筒狀；小田原燈籠跟箱燈籠的形狀很像，體積卻很小，可以塞在胸前的口袋裡，是一種旅行用具。

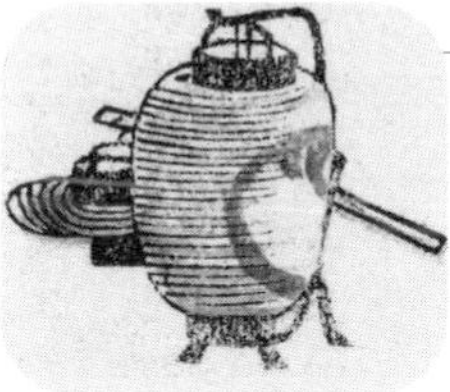

■附有弓形提手的弓張燈籠《商賣往來繪字引》

❸防火巷以防火為目的而開闢的空地，目的是為了避免火勢延燒。圖中的空地並不是防火巷，而是訓練賽馬的馬場，但卻具備防火巷的功能。

江戶
豆知識

❶天水桶設置在町內各處用來儲存雨水的木桶。火災發生時，消防隊員出動前就用桶裡的水淋溼全身，如果火災規模不大，只用桶裡的水就能熄滅。

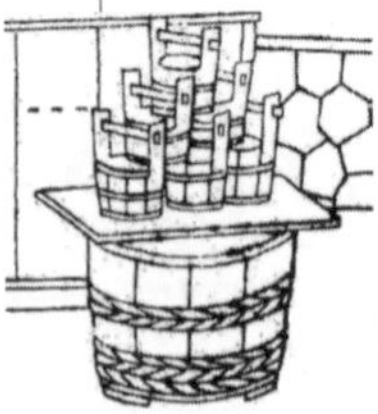

■筋違見附（萬世橋）附近的天水桶《繪本續江戶土產》

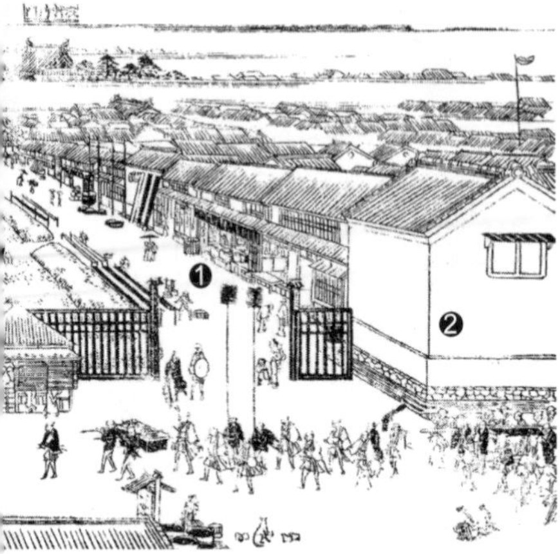

❷土藏瓦頂加上四面土牆組成的倉庫式建築，因具備防火功能，所以是商家必備的建築物。另外還有一種「見世藏」，雖然建築得跟土藏一樣，卻是商家的店鋪兼住家，遇到火災時，立即緊閉門窗以防遭到波及。

■貨物經由河道運來之後送進土藏《商賣往來繪字引》

【江戶的大火災與町火消】

●明曆大火　江戶發生過無數次火災，第一場也是江戶時代最大的火災，就是「明曆大火」。這場火災發生在明曆三年（一六五七）的正月，也就是德川家康開設江戶幕府過了半世紀之後。火災中，江戶城樓、武家住宅地、町人市街都遭到波及，據說約六成的市街毀於一旦，死者人數多達十萬。明和九年（一七七二），江戶又發生了「目黑行人火災」，火苗從江戶郊外的目黑一直延燒到奧州街道的千住宿，造成明曆大火之後另一次大災難。八十多年後，「安政江戶地震」又在江戶引起大火，市內很多町同時發生火災。明曆之後，江戶城裡開闢了許多阻斷火勢的防火巷和廣小路，各町不僅加強夜間巡邏，還在町內設置天水桶，建築方面也不斷採取各種防火措施，譬如將易燃的稻草屋頂改為木板屋頂，後來又伺機改為瓦頂。

●町火消誕生　環繞江戶城樓的土地大約半數都屬於武士家族，這些土地的消防任務由兩個組織負責：一個是專管城樓和大名江戶宅第的「大名火消」，另一個是「定火消」。定火消由下級武士「旗本」組成，共有十人，分別帶領消防隊員駐守在市內的十處「火消屋敷」（消防隊），專管市內發生的火災。但是武家領導的消防隊卻無法顧及市區的火災，所以町奉行大岡越前守忠相後來把町人組織起來，成立了町火消，並在江戸城的城河周圍分派責任區，最後並發展成為「いろは四十八組」。

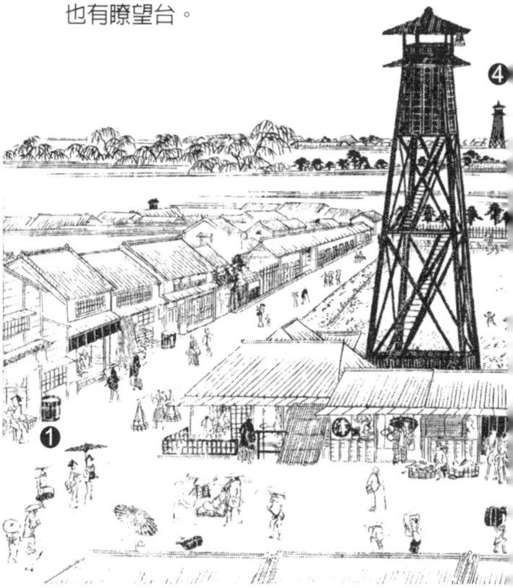

❹ 防火瞭望台大約每十個町建設一座瞭望台，費用由周圍居民分攤。此外，各町還以防盜為目的建設了守望亭，叫做「自身番小屋」，亭子的屋頂也有瞭望台。

■淺草御門前的馬喰町馬場。這塊空地相當於防火巷，就算火勢極猛，也不會延燒到馬場的另一邊。《江戸名所圖會》

■町火消的隊旗「纏」，由隊中的英雄人物高舉出發救火。《商賣往來繪字引》

■消防頭巾《商賣往來繪字引》

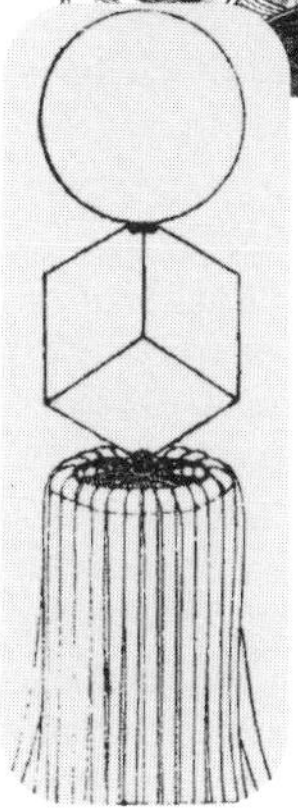

■い組的「纏」《纏いろは組範本》

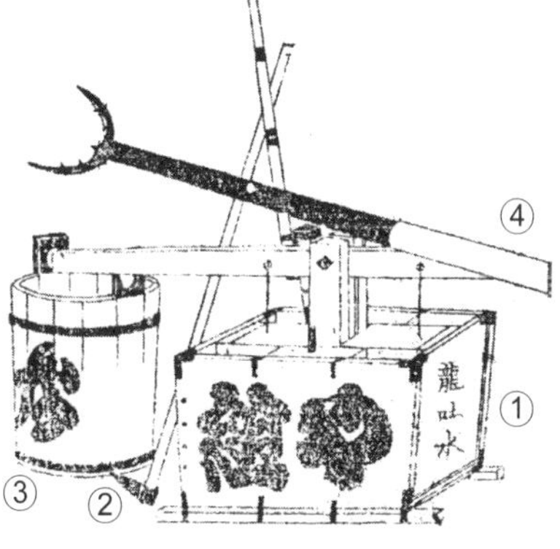

■消防道具①「龍吐水」是手壓式噴水機；②「鳶口」是用來拆房子的道具，以防止火勢延燒；③「玄蕃桶」是用來運水的大型水桶；④「指股」是用來拆房屋的消防工具，同時也是捕捉犯人的道具《纏いろは組範本》

■自身番小屋裡面的消防用具《纏いろは組範本》

第三章・吃食

日常三餐與零食

早膳晚膳

米・餅・麵

◆農夫◆鋤鍬柄師◆龍骨車師◆石臼匠

◆米店◆碾米工◆年糕店◆臼匠◆麵粉店

◆麵食販◆素麵師

調味品

◆煮鹽◆醋屋◆醬油販◆麴屋◆麴販

◆味噌店◆法論味噌販◆辣椒販

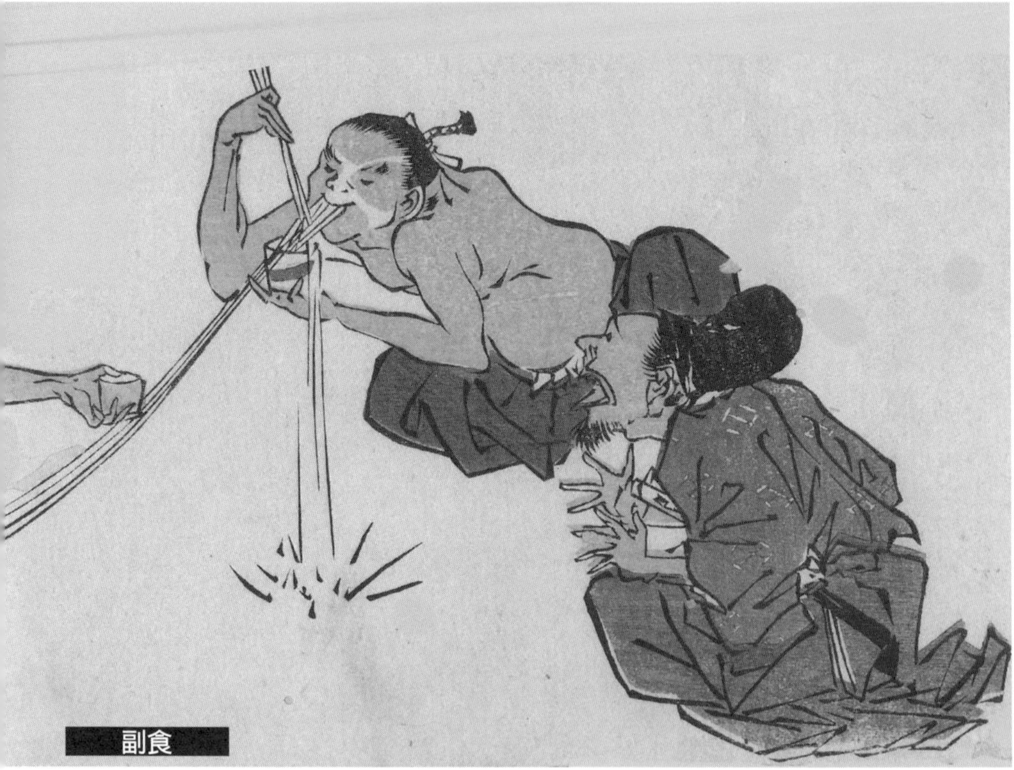

■素麵宴《狂言畫譜》

副食

◆漉海苔◆乾貨店

◆漁師◆撒網◆海人◆鸕鷀匠◆魚店◆魚販

◆蔬果店◆前栽販◆醃菜店◆醃菜販

◆豆腐店◆豆腐販

◆敲納豆◆麩匠◆烤豆腐匠◆雞蛋販◆蒲燒販

零食

甜品

◆飴糖匠◆飴糖販◆捏糖花◆黃米糕店

◆石頭米花糖販◆善哉販◆粽子匠◆煎餅匠

◆冰水販◆涼粉販◆西瓜販

茶點

◆菓子匠◆菓子店◆香煎師

◆道明寺師◆挽茶店◆茶店

酒類

◆酒屋◆甜酒屋◆甜酒販◆白酒販

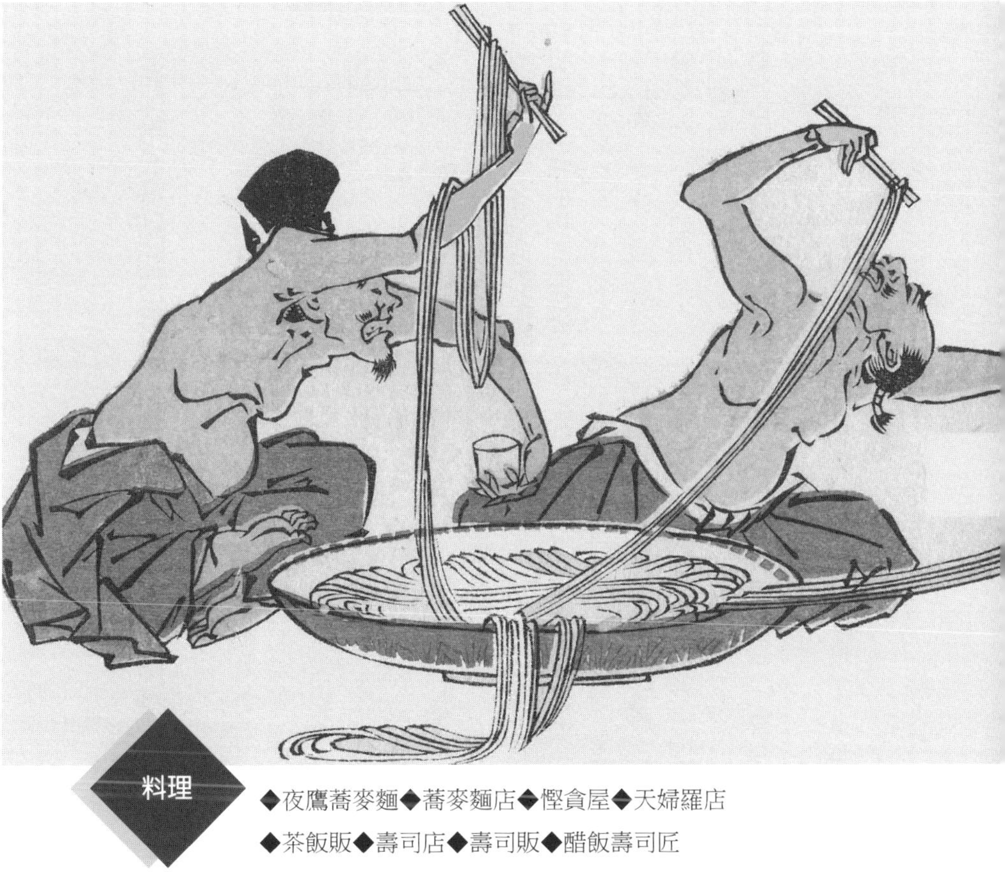

料理

◆夜鷹蕎麥麵◆蕎麥麵店◆慳貪屋◆天婦羅店

◆茶飯販◆壽司店◆壽司販◆醋飯壽司匠

◆料理茶屋◆廚師◆鰻魚店◆居酒屋

■「現金交易，概不賒欠」的吳服店
《頭書增補訓蒙圖彙》

吃食

從日常三餐到節日宴席，和食的基礎始自江戶時代

日本人養成每天早、中、晚吃三餐的習慣，是在江戶初期，在那之前，大家都是早上起來先幹活，然後趁著休息時間吃頓較晚的早餐，黃昏的時候吃晚餐，吃完就上床就寢了。主食的穀類種類不一定，隨身分與居住地域而改變。幕府末期發行的風俗誌《守貞謾稿》對當時市民的日常三餐描述道：「京坂居民每天中午煮飯。午餐大約有兩三樣菜餚，其中包括煮蔬菜或魚類，另外還有味噌湯，而早餐和晚餐則只用冷飯做成茶泡飯，再配上一點醃菜。江戶居民每天早上煮飯，早餐是米飯配味噌湯。午餐和晚餐都吃冷飯。午餐有蔬菜或魚肉配米飯，晚飯只有茶泡飯配醃菜。」由此可知。三大都市的早餐和晚餐都吃得比較簡單，午餐卻吃得很豐盛，或許是為了滿足午後工作所需吧。

一頓飯只有一菜一湯，聽起來似乎很簡陋，但是一湯一菜端上飯桌之前，還是花費了很多人的心力。在這一章裡，我將以「早膳晚膳」為題，按照主食、調味品、副食的順序，向各位介紹各種食材是經過哪些人的努力才被端上膳桌的。

●**江戶時代的名酒**　向大家介紹代表性清酒的同時，我也會簡單說明江戶時代的相關背景。

江戶時代全國的清酒產地，首推攝州（兵庫・大坂）的伊丹、池田、灘等地。各地都有許多著名的釀酒家，他們不但造出上等名酒，同時也讓各地造酒業繁盛發達，主要的品牌包括「劍菱」和「正宗」。在一般人眼裡，這些京坂釀成

■名酒劍菱的商標《紫草江戶商標集》

後運到江戶的「下酒」都是名酒。通常是在上方的釀酒工廠完成發酵工序後，把酒液裝進酒樽，然後用船隻運往江戶。這段經由海路運輸的時間，剛好能讓發酵的酒液更加成熟，等到船隻抵達江戶時，酒液的發酵也達到最佳狀態。名酒在江戶上岸後，立刻被送往日本橋的酒類批發店，而京坂等地出售清酒的酒店都不經過批發商，而是直接從釀酒作坊進貨。

●外食長屋 居民主要在夜間才到外面用餐。大工或左官白天都在外面幹活，中午不是雇主提供午餐就是自己帶便當。在家幹活的居職人則由家人或自己動手做午飯。挑著扁擔在街頭叫賣的商販都帶著便當，中午就在顧客家或門前吃自己的便當。一般庶民的晚餐都是各家自己準備。職人熬夜趕工時覺得飢餓的話，門外就有夜鷹蕎麥麵的麵攤。只要出門走上大街，還可以看到販賣壽司、天婦羅的小吃攤。這些攤販給庶民帶來極大的便利，因為大家不必走進料理屋或鰻魚屋，就能解決民生問題。

●江戶子愛吃蕎麥麵 就像上方居民喜歡烏龍麵一樣，江戶居民比較偏愛蕎麥麵，江戶城裡幾乎到處都能看到蕎麥麵店。因為蕎麥容易生長，全國各地都知道蕎麥是一種能夠救荒的農作物，最古老的吃法很簡單，把蕎麥粉放在熱水裡溶化後，揉成蕎麥麵團。蕎麥切麵出現在大眾面前，是在江戶初期以後。這種切麵被簡稱為「蕎麥」。據說到了幕府末期，蕎麥在江戶流行的盛況幾乎到了每個町裡都有一間蕎麥麵店的程度。江戶城從初期的「八百八町」開始陸續擴展，到了江戶中期，全城的町數多達一千七百以上。據《守貞謾稿》記錄，万延元年（一八六〇），幕府為了統計蕎麥麵價格，曾針對全城的蕎麥麵店進行調查，其中並不包括夜鷹蕎麥麵攤，結果得知城内總共有三千七百六十三家蕎麥麵店，概略計算的話，幾乎每個町都有兩家蕎麥麵店。

米

早膳晚膳

日常三餐基本是由米飯和湯汁構成，所需材料包括稻米、味噌醬油和蔬菜。如果能再加上一條魚，就算吃得十分豐盛了。下面就向大家介紹生產這些食材的職業與商販。

農夫

《人倫訓蒙圖彙》裡收錄了許多職業，其中一欄的標題是「農夫」，下面的說明文字寫道：農夫是國家至寶，擁有供養人民的功績。生產延續生命的稻米，向政府繳納賦稅的也是農民。

鋤鍬柄師

鋤頭和鐵鍬是在田裡掘土的農具。柄師的任務是將鐵料鍛冶成的鋤鍬裝上木柄。有些柄師也製作挑擔用的扁擔棍。

■農人是指種植作物的人《頭書增補訓蒙圖彙》

■鋤頭的刃口跟木柄呈水平狀，鐵鍬的刃口則跟木柄呈直角狀。《人倫訓蒙圖彙》

插秧

■插秧是婦女的任務。只見衆多女性頭戴斗笠，柔聲齊唱秧歌。《人倫訓蒙圖彙》

播種

■播種。有一首關於農夫的諺語說：「春耕秋收，墾田播種，露水滋潤生長快，不畏雨雪耐寒暑。」《人倫訓蒙圖彙》

龍骨車師

種稻不可無水。農人要從低處把極為珍貴的水引進田裡時，龍骨車就是引水的工具。如左圖所示，農人踩動踏板，龍骨車上的木板不斷滾動把水撥進田裡。類似的送水機還有一種小型水車，叫做「踏車」，也是用腳踩動葉輪，旋轉引水。

■龍骨車主要是關西的農民使用。製作龍骨車的職人都住在大坂天滿橋附近。《人倫訓蒙圖彙》

■農人踩踏履帶狀的木板，龍骨車一面旋轉一面把水帶往高處。《繪本士農工商》

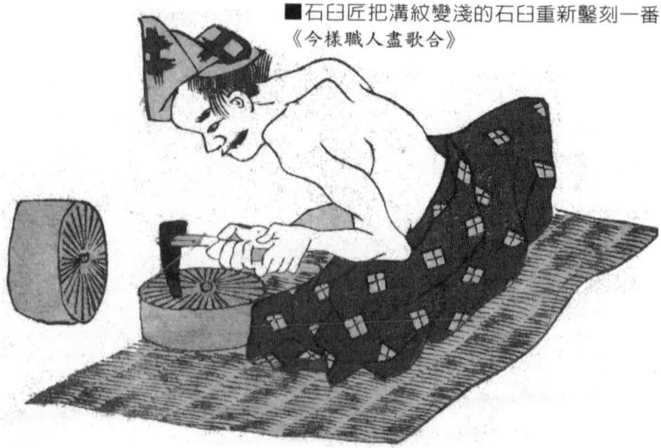

■石臼匠把溝紋變淺的石臼重新鑿刻一番《今樣職人盡歌合》

石臼匠

也叫鑿臼匠，舂米、磨粉的磨臼都是由石臼匠負責鑿刻溝紋。磨臼跟一般搗米的石臼不同，是由上下兩個圓筒形石臼組成，上下石臼的接觸面都有溝紋。紋路磨淺之後，必須重新鑿刻，這就是石臼匠的工作。

■用扇車把穀殼和發育不全的穀子吹走，最後只剩可用的稻穀。《狂歌倭人物初編》

舂米

■白天在田裡割稻打穀，晚上唱著充滿雅興的歌曲拉轉石臼。《人倫訓蒙圖彙》

舂米●割稻之後，把稻穀打下來，放在磨臼裡磨掉稻殼，這項作業叫做舂米（上圖左）。石臼分上下兩半，拉轉上面的石臼，穀殼就從中間的縫隙掉下來。

■磨臼。左邊是磨茶粉和麵粉的石臼《商賣往來繪字引》

■新米送到店裡，米店的人把米袋堆成圓錐形。《寶船桂帆柱》

米店

日本人每天吃三頓飯的習慣據說始於江戶初期。當時在將軍腳下的江戶城裡，即使地位低下的庶民，也都能吃到白米。一般人都是早餐吃現煮的熱飯，午餐和晚餐只能吃冷飯，但畢竟是白米飯，味道還是沒有其他食物可比。副食通常是由小販挑擔兜售，但是白米卻沒有叫賣的，必須到米店按重量購買。

碾米工

碾米工的工作是把糙米碾成白米，通常由米店雇用的碾米工在店裡使用圖中這種腳踏式碓臼碾米。也有些碾米工自己開店，或背著碓臼在街頭兜攬生意。

■馬匹運來許多米袋，米店員工拿著「米探子」正在檢查袋裡的稻米。米探子是驗米的工具，刺進米袋取出少量樣本。《人倫訓蒙圖彙》

■「出人頭地是心願，粉身碎骨勤趕工」的碾米工《家內安全集》

年糕

■年糕店也接受顧客預訂，幫忙製作新年專用的年糕。《諸職人物畫譜》

年糕店

年糕店販賣各種年糕類點心，也叫做餅菓子，有些是把豆沙裹在年糕外面，有些是把豆沙餡放在揉成團狀的年糕裡面。京坂有一種「大佛餅」，是用年糕包著餡。江戶的「幾世餅」也很有名，是一種用豆沙裹著年糕的點心，也叫「餡可洛餅」（餡衣餅）。

■販賣大佛餅的年糕店《人倫訓蒙圖彙》

■賣幾世餅的年糕店看板上寫著「いくよ」（幾世）。老闆正把豆沙裹在年糕外面。《寶船桂帆柱》

臼匠

■製作搗臼的臼匠《人倫訓蒙圖彙》

搗年糕的臼●舂米、磨粉的工具都叫做「臼」，搗米做年糕的臼，叫做「搗臼」。糯米煮熟後放在臼槽裡，用臼杵搗成年糕。

■麵粉店員工協力拉轉磨臼磨麵粉《人倫訓蒙圖彙》

麵粉店

麵粉店是用石臼磨製烏龍麵粉、蕎麥麵粉的地方。麵食師、饅頭店都到這裡購買各種麵粉。另外，像大豆粉、芥子粉、山椒粉、米粉等粉類則在乾貨店出售。

麵食販

麵食販做好烏龍麵或蕎麥麵之後分成一人一份，然後在夜間挑著麵攤沿路叫賣。

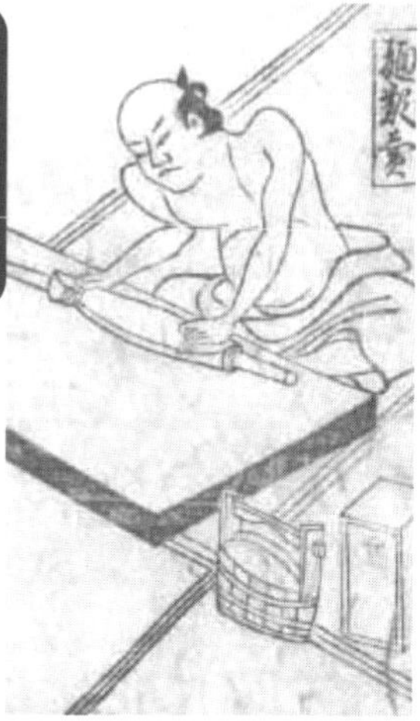

■麵食販《人倫訓蒙圖彙》

■素麵師把手拉細麵掛在戶外曬乾《繪本庭訓往來》

素麵師

大和的三輪素麵是有名的特產。根據《日本山海名物圖繪》記載，三輪素麵細得像線，白得像雪，煮熟了不會變粗，品質極優，其他地方出產的素麵完全無法相比。

煮鹽

■「汐汲」（挑海水）是女人的工作，從事這項工作的人也被稱為「汐汲海人」。《人倫訓蒙圖彙》

下物●從全國各地前往京都叫做「上京」，相反的方向稱為「下行」。「下物」是指京坂運往江戶的貨物，因為品質優良，所以使用這種尊稱。譬如「下酒」就是其中的代表性貨品。

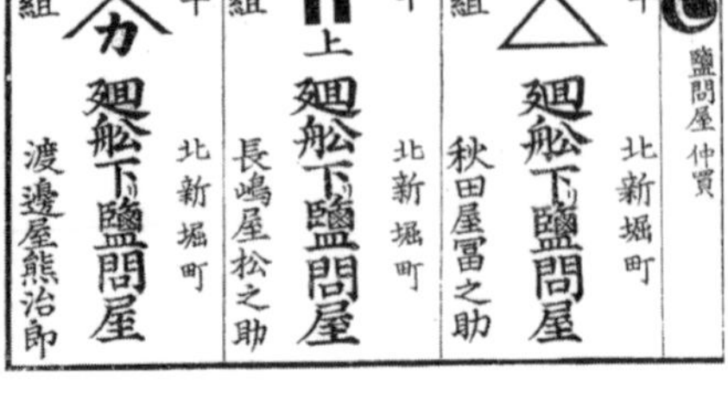

鹽問屋 仲買

十組 △ 北新堀町 廻船下り鹽問屋 秋田屋富之助

十組 ‖上 北新堀町 廻船下り鹽問屋 長嶋屋松之助

十組 カ 北新堀町 廻船下り鹽問屋 渡邊屋熊治郎

■日本橋的鹽批發商負責銷售一級品赤穗鹽《江戶買物獨案內》

醋

煮鹽

鹽可以醃製澤庵漬（醃黃蘿蔔），可以烹製鹽烤魚，是料理必備的調味品。「煮鹽」是指煮乾海水，提取食鹽。從海邊挑來海水，生火煮乾海水，就能得到海鹽。播州赤穗的海鹽自古公認是上品，而江戶市民使用的海鹽，則是在靠海的行德煮乾海水製成食鹽之後，再用船送到江戶。

■《江戶名所圖會》裡刊載的「行德鹽灶之圖」，鹽灶的形狀像一座水池，圖中正在生火煮乾海水。

■醋屋的門前，店家按照重量出售商品。《人倫訓蒙圖彙》

醋屋

醋屋販賣的是稻米釀造的米醋。醋裡加些鹽，可以用來做壽司飯，也可以做醋拌涼菜或各種涼拌菜品。跟家庭調味品比起來，醋可能更受職業廚師歡迎。

■裝在木樽裡的醋《商賣往來繪字引》

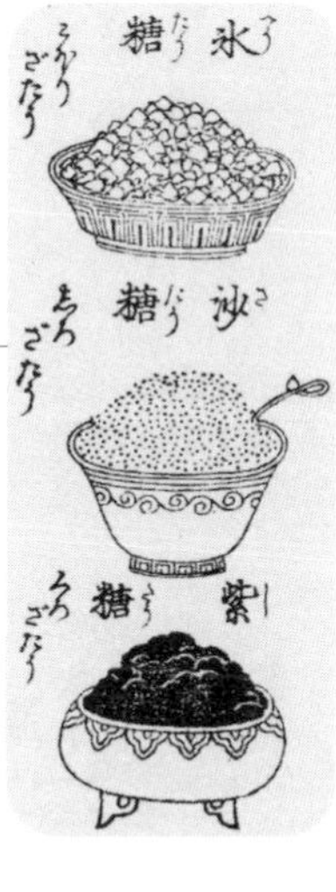

■砂糖的種類很多，圖由上至下為：冰糖、白糖、紅糖。《頭書增補訓蒙圖彙》

砂糖是藥？●江戶後期開始栽種甘蔗之前，砂糖在日本一直是貴重的舶來品。譬如像荷蘭運到長崎的「出島糖」、中國運來的「三盆糖」，還有薩摩藩統治的琉球所產的黑糖等。國產砂糖還沒普及之前，日本並沒有專門買賣砂糖的商人，而是由酒商、藥商兼營砂糖生意。

醬油

醬油販

醬油是堺的名產。堺、大坂兩地釀製的醬油行銷全國。除了這些大坂周邊送來的下物之外，江戶居民認為下總（千葉）的野田，常陸（茨城）的土浦製造的醬油也是上品。江戶的街頭有很多醬油販沿途叫賣，通常他們也順便賣酒。

■醬油販的擔子《守貞謾稿》

■醬油的原料是麥，麴的原料是米或麥，兩者都需要放在發酵窖裡釀製。《商賣往來繪字引》

麴

麴販

秋冬之際，賣米麴的小販到各家各戶兜攬生意。因為一般家庭都要開始用麴醃漬茄子。江戶的麴舟比京坂小，做工更簡陋。

麴屋

麴的種類很多，釀酒需要用麴，製作味噌、醬油或醃菜都要用到麴。製作麴的程序是先把米、麥或大豆蒸熟，放在名為「麴舟」的淺木盒裡，堆疊數層，送進發酵窖裡發酵。

■職人的後方就是發酵窖《人倫訓蒙圖彙》

■麴販的擔子上堆著一層層的麴舟《守貞謾稿》

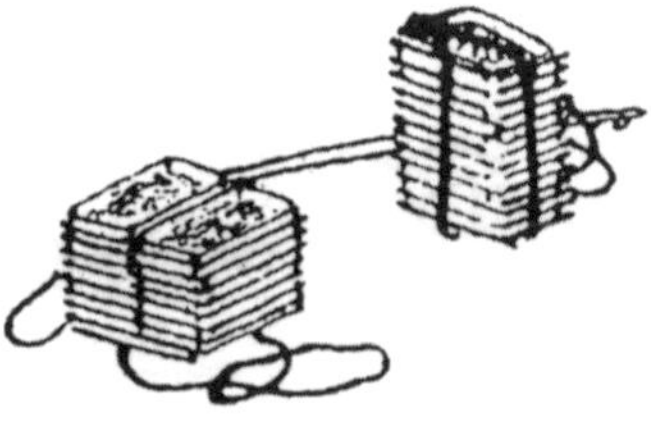

■味噌店門口掛著一把舀味噌的木勺當看板《繪本士農工商》

味噌

■職人把蒸熟的大豆放在臼裡搗碎。上圖的職人使用的腳踏式碓臼，跟碾米工（參照109頁）的工具一樣。《人倫訓蒙圖彙》

味噌店

味噌店販賣的是他們自己製作的味噌。味噌是味噌湯的基本材料，製作之前，先把大豆蒸熟，搗碎，然後混入麴和鹽。味噌的種類很多，製作時根據材料的種類採用不同的麴，分別製成米味噌、麥味噌、豆味噌。德川家康的故里三河所產的八丁味噌就是豆味噌，仙台味噌則是米味噌。

法論味噌販

法論味噌●把烤過的味噌放在陽光下曬乾，並且混入切碎的山椒、芝麻，就成為「法論味噌」。最先是因為奈良興福寺的和尚在談論佛法時吃著這種味噌，所以被稱為「法論味噌」。

■法論味噌販扛著扁擔沿街叫賣，擔上的味噌裝在木製圓筒狀的容器裡，上面覆蓋一層清潔的菰草。《人倫訓蒙圖彙》

■辣椒販用小木盒裝著七種材料放在攤子上，顧客上門時，當場把各種材料混進辣椒粉。《繪本士農工商》

■唐辛子即辣椒，也寫為蕃椒。《商賣往來繪字引》

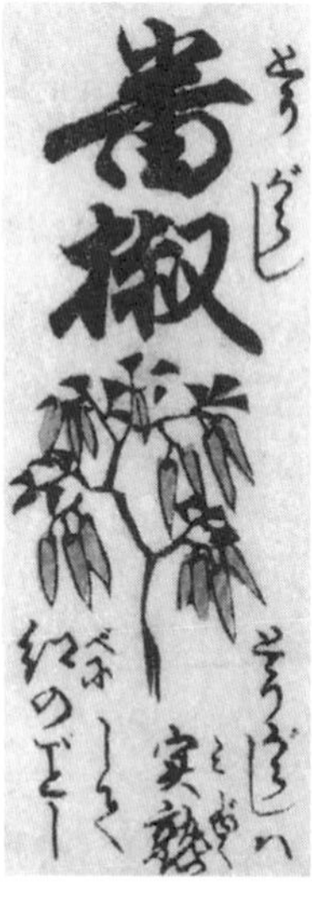

辣椒販叫賣的是調味料七味唐辛子。他們把辣椒粉（唐辛子）裝進鑿孔的小竹筒，另外再加入陳皮（橘皮）、山椒、肉桂、黑芝麻、麻籽等材料後出售給顧客。據《守貞謾稿》記載，大坂有個能言善道的人，名字叫做甘辛屋儀兵衛，他能夠按照顧客要求當場調配材料，工作時不停地講些笑話，引人發笑，所以後來有人請他擔任七味唐辛子的推銷員。

辣椒

辣椒販

辣椒●辣椒成熟變紅之後可做香料，沒有變紅之前的綠辣椒，則可以做燉菜或煮湯。辣椒葉叫做「葉唐辛子」，可以做成佃煮食用。

■辣椒販沿街叫賣裝在竹筒裡的七味唐辛子。新宿内藤家附近是有名的辣椒產地，所以江戶的辣椒販叫賣時都高聲嚷著：「内藤唐辛子！」《守貞謾稿》

乾貨

■漉海苔的過程中，丈夫切碎新鮮海苔，妻子把碎海苔倒進木框裡。《繪本庭訓往來》

■漉海苔。四方形木框裡墊一片小竹簾，倒進新鮮海苔，然後把整片竹簾漉出曬乾。《今様職人盡歌合》

漉海苔

海藻類的海苔從水裡漉出後做成乾海苔。

《日本山海名物圖繪》裡有一段以江戶淺草海苔為題的記述，據說在品川海邊撈起的海苔，送到品川市鎮製成的產品叫做「品川海苔」，淺草附近撈到的海苔，則稱為「淺草海苔」。其他還有下總的「葛西海苔」、出雲的「十六島海苔」，都是有名的特產。

乾貨店

乾貨店是販賣各種曬乾的山珍海味的商店，店裡的商品都是各類適於長期保存的食材，譬如香菇、木耳、葫蘆皮、大豆、小豆、鹿尾菜、紫萁蕨、昆布、鯡魚卵、小魚乾、鱈魚乾等，這類食物在江戶是放在店裡出售，但在京坂是由小販挑著扁擔叫賣。

■乾貨店老闆正在刨柴魚乾《寶船桂帆柱》

■土佐的柴魚乾被認為是最上品《商賣往來繪字引》

漁師

靠捕魚為生的人叫做漁人、漁夫，一般也稱為漁師。但在《人倫訓蒙圖彙》裡對漁人的定義是：垂釣或撒網捕魚的海中獵師。換句話說，也就是海中狩獵者。據說江戶的漁夫在房總半島或三浦半島抓到魚之後，立刻划船把魚運到日本橋的魚市。

■大海的獵師——漁人《人倫訓蒙圖彙》

■撒網的漁人。頭上戴著竹皮編織的笥笠。其他的漁師、釣客、船老大，平時也是戴這種斗笠。《今様職人盡歌合》

撒網

撒網●漁具的種類很多，譬如像魚網、釣具、魚叉等，其中能夠完成「一網打盡」目標的，唯有魚網。「撒網」是指用力把魚網拋出去的動作。撒開的魚網覆蓋河面或海面，同時也把水中的魚兒困在網中。地拉網或地曳網需要很多人一起操作，也有些魚網只靠漁夫獨自操作就能捕到魚兒。

■船家陪同撒網的漁人一起下河打魚《萬物雛形畫譜》

■船上的魚簍裡似乎裝著鮑魚《日本山海名物圖彙》

海人

靠潛入海中捕捉鮑魚、貝類或海帶、褐藻等為生的人叫做海人。從事這一行的主要都是女性，所以漢字有時也寫為「海女」。另外，挑海水煮鹽的女性，也叫做海人

■鸕鷀匠。船隻駛到水流湍急的河面上，鸕鷀匠手裡抓著許多根牽鳥的繩子，一面操控鳥兒抓魚，一面從鳥嘴裡拔出魚兒，動作非常迅速。《人倫訓蒙圖彙》

鸕鷀匠

鸕鷀匠飼養並訓練鸕鷀在河裡捕捉香魚、鯉魚之類的河魚，也稱為「鸕鷀師」，全國以岐阜長良川最有名。捕捉香魚除了利用鸕鷀之外，還有架設魚梁的捕魚法。《江戶名所圖會》裡有一張插圖名為「玉川獵鮎」，圖中就有漁人釣香魚的情景。

■必須潛入海中才能抓到的鮑魚和海螺《素人庖丁》

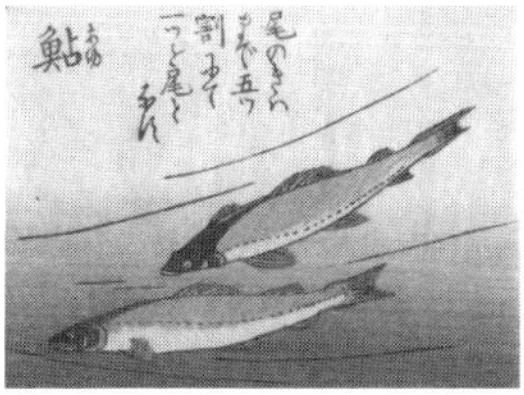

■香魚
《繪本手引草初編》

魚店

京坂江戸的有些魚店也順便出售鹽醃的魚乾。大坂有些只賣鮮魚的魚店，經營者都來自堺或尼崎。他們每天半夜親自到魚市批貨，清晨抵達大坂後，把魚送到熟客家中。江戸的鮮魚是由房總半島或三浦半島的漁夫打撈上岸後，直接用船送到日本橋的魚市，再經由批發商轉賣給零售的魚店。

■售貨台上有一條比目魚，老闆手裡的吊鉤上掛著一條鰹魚。魚店老闆腳上穿著木屐，因為不喜歡沾溼腳底。《寶船桂帆柱》

初鰹●舊曆四月一日叫做更衣日，民眾都在這一天把棉衣換成夾衣。每年在這天之後第一次捕到的鰹魚，被江戸人視為珍品，稱之為「初鰹」。初鰹的價格就像現在鮪魚每年第一次上市一樣，價格總是被飆得很高。江戸中後期的初鰹，每條的價值高達二、三兩金幣。據說有人為了要吃初鰹，竟把老婆送進當鋪，可見初鰹不是普通庶民吃得起的東西。

魚販

魚販在魚市競標購得中間商提供的貨品後，挑著扁擔沿街叫賣。有些魚販擁有固定的大商店客戶，有些魚販只以長屋居民為對象，做點小買賣。由於鮮魚不好保存，魚販總是在跟時間競賽，必須挑著扁擔在路上奔跑。

■日本橋的魚市。近海捕獲的漁獲每天早晨都用快速船送來。圖中左側的船隻就是速度極快的貨船，名叫「押送船」。《江戶名所圖會》

上方

■漁獲裝在簍中送達大坂，再由魚販運往京都。《人倫訓蒙圖彙》

江戶

■江戶的小販。顧客付錢購貨後，小販立刻當著顧客的面把魚剖開。《今樣職人盡歌合》

挑擔販●小販挑著扁擔一邊走一邊前後搖晃著擔子。京坂把這類小販一律稱為「挑擔販」，江戶則把挑魚販賣者簡稱為「擔子」。

■蔬果店門口陳列著茄子、蘿蔔、生薑等《素人庖丁》

■蔬果店也販賣乾貨《人倫訓蒙圖彙》

蔬果店

蔬果店的日文為「八百屋」，主要商品為蔬菜，不過根據《人倫訓蒙圖彙》記載，凡是製作素席菜餚所需材料，譬如像乾貨、海藻、堅果、根菜等，都能在蔬果店買到。這段文字裡還提到了錦小路。據說江戶時代的繪師伊藤若冲就在錦小路開了一家蔬果店。江戶的青果市場在神田的須田町和連雀町，大坂的青果市場則位於天滿。

蔬菜

■蔬果店《寶船桂帆柱》

前栽販

「前栽」原指種植在前院的植物，但江戶時代把蔬菜也稱為「前栽」。前栽販的竹簍裡只裝了一兩樣蔬菜，譬如像瓜類、茄子或小松菜，沿路叫賣，這類小販在江戶叫做「前栽販」，但在京坂仍然稱呼他們為蔬果店（八百屋）。

■附近農家的蔬菜用竹簍運來，這種簍子叫做「前栽簍」。《守貞謾稿》

醃菜店

醃菜（漬物）也叫做鹹菜、醬菜，是日常三餐不可或缺的一道小菜。醃菜店先用鹽、味噌、米糠或酒糟等材料把蔬菜做成醃菜之後，放在店裡出售，除了醃菜之外，店裡也出售鹽醃的梅乾、米糠醃製的澤庵漬，或是拌了切碎的茄子等蔬菜做成的「嘗味噌」（可以當菜吃的味噌）。

■醃菜販的擔子《守貞謾稿》

醃菜販

京坂居民把醃菜販叫做「莖屋」。因為這些小販把蘿蔔、蕪菁等根莖菜跟菜葉一起鹽醃，做成「莖漬」，然後在清晨挑著扁擔沿街叫賣。江戶的醃菜販賣的則是鹽醃的瓜類、茄子、蘿蔔和澤庵漬。澤庵漬在上方是由每個家庭自行醃製，江戶卻很少有人家自己醃製的澤庵漬。

■圖中招牌上的「ひしお」就是「醬」的意思，也屬於「嘗味噌」的一種。招牌上還寫著「金山寺」，可能表示這家醃菜店也出售「金山寺味噌」。暖帘上寫著「小田原屋」，或許表示梅乾也是這家商店的熱門商品吧。《寶船桂帆柱》

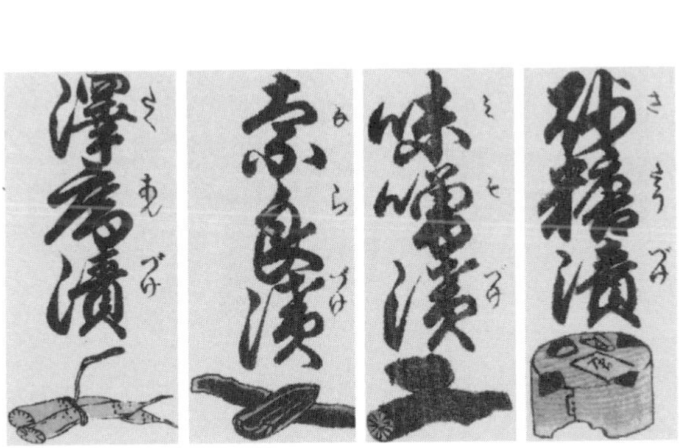

■醃菜的種類很多。譬如砂糖醃製的生薑、天門冬，味噌醃製的蘿蔔、瓜類。「奈良漬」則是酒糟醃製的瓜類。澤庵漬是曬乾的蘿蔔用米糠和鹽製成的醃菜。《商賣往來繪字引》

■職人當中最早起床的，是豆腐匠。《人倫訓蒙圖彙》

豆腐店

豆腐是庶民最常吃的副食，根據《守貞謾稿》記載，京坂的豆腐質軟色白，非常美味，江戶的豆腐不但質地堅硬，顏色也不白，而且味道很差。一塊豆腐的價格在京坂賣十二文，江戶則賣五十文，但是江戶的一塊豆腐比京坂大，所以兩地豆腐的價格大致相同。

■豆腐店的一天很早就開始了。圖中說明寫道：「豆腐店，守庚申，大伴家持吟詩句。豆腐白，呈眼前，不覺暗夜又更深。」句中的「守庚申」，是一種徹夜進行的宗教儀式，也暗示豆腐店徹夜忙著做豆腐。《百人一首和歌詭》

豆腐販

豆腐販把豆腐裝在較淺的半切桶裡，然後掛在扁擔兩端，沿途叫賣。桶裡還有烤豆腐、油炸豆腐。京都的豆腐販以一塊為單位，顧客最少要買一塊，大坂則是從半塊起跳，江戶的一塊豆腐比京坂大很多，顧客可以只買四分之一塊。

■京坂的豆腐販。左邊是江戶豆腐販的擔子《守貞謾稿》

■京都有個麩屋町，那裡住著很多麩匠。有些麩匠也兼做蒟蒻。《人倫訓蒙圖彙》

麩匠

麩的作法是把麵粉和水用力攪和，揉出麵筋之後，放在水中搓洗，洗剩的麵筋裡再加入糯米粉，然後放在蒸籠裡蒸熟，就是京都名產「生麩」，也是素席不可或缺的材料。全國各地也分別創造出各種獨具特色的烤麩，譬如螺旋狀的「車麩」、板狀的「庄內麩」。

■烤過的生麩叫做烤麩，種類很多，形狀各異，捲在木棍上烤成螺旋狀的是車麩。《商賣往來繪字引》

副食

敲納豆

「敲納豆」是用菜刀連續敲擊切成碎粒的納豆，一般用來煮成納豆湯，或跟其他食材混合做成涼拌菜。據《人倫訓蒙圖彙》記載，切碎的敲納豆鋪成薄薄的四方塊，可以配上切碎的蔬菜和豆腐一起吃，每年九月到第二年的二月都能在街頭看到賣敲納豆的小販。

■敲納豆販《人倫訓蒙圖彙》

烤豆腐匠

把濾乾水分的豆腐用竹籤串起來燒烤，就是「烤豆腐」。上面塗了味噌再燒烤的，叫做「田樂豆腐」。《人倫訓蒙圖彙》記載，這類小販通常是在祭典或人群聚集處擺攤。

■烤豆腐匠《人倫訓蒙圖彙》

■雞蛋販不但賣雞蛋，也賣鴨蛋。《今樣職人盡歌合》

雞蛋販

雞蛋販的商品主要是雞蛋。雞蛋既是做點心的材料，也可煎成蛋餅，用來做握壽司或放在幕內便當裡面當配菜；麵類端上桌之前，也可以加個生蛋在碗裡，藉此增加風味。雞蛋在江戶時代已被廣泛應用在各種料理當中，然而雞蛋的價格也很昂貴。據《守貞謾稿》記載，賣水煮蛋的小販叫賣時必定連喊兩聲：「雞蛋、雞蛋。」當時一個雞蛋二十文，比一碗蕎麥麵還貴。

蒲燒販

京坂的蒲燒販挑著所有烤鰻魚必要的道具沿街叫賣。鰻魚也是在路邊當場宰殺之後，開始燒烤。江戶的蒲燒販則先在店裡把魚烤好，然後放在木桶形狀的提盒裡向路人兜售。京坂的蒲燒並未把粗刺剔掉，一串賣六文錢，江戶的蒲燒已經剔掉粗刺，一串賣十六文。

■京坂的蒲燒販是在路上宰殺鰻魚，當場烤成蒲燒。《守貞謾稿》

熟菜店●熟菜是指一般人平日常吃的小菜，也就是所謂的副食，京坂居民稱之為「番菜」。這類商店在江戶隨處可見，店裡的貨架上擺著一排排大碗，裡面裝著用醬油紅燒的生鮑魚、魷魚乾、魷魚絲、烤豆腐、蒟蒻、荸薺、蓮藕、牛蒡等。有些熟菜店也販賣煮豆。

■雞蛋《商賣往來繪字引》

零食

一日三餐只要能填飽肚子就能維持生存，而在吃吃喝喝的過程裡，能讓我們感到開心的，應該是酒類、點心和茶水類吧。用糕點、煎餅來滿足口腹之慾，也可算是人間一大美事。

■目黑不動的名產「目黑飴」是信徒必買的土產《江戶名所圖會》

飴糖匠

在砂糖普及之前，飴糖是非常珍貴的甜味調料，而且全國各地都有各自的飴糖名產。譬如形狀像是竹管的「管飴」，就是京都的桂里獻給京都所司代的特產。另外還有大坂天王寺東邊的平野町生產的「平野飴」、江戶目黑不動的「目黑飴」，都是有名的特產。

■飴糖匠《人倫訓蒙圖彙》

飴糖販

■江戶的飴糖販必定在擔子上畫著螺旋標誌《守貞謾稿》

飴糖販在路邊做生意時，總是撐著一把大傘，這是為了防止飴糖被陽光曬化，同時也為了防備突如其來的陣雨。也有些飴糖販像上圖所示，扛著扁擔沿途叫賣。

■飴糖販把白色麥芽糖切成小塊，分裝在袋中出售。《今様職人盡歌合》

捏糖花

先把飴糖黏在蘆葦莖的一端，然後捏成小鳥或各種動物的模樣，有時也可吹得鼓脹起來，變成一個大球。等到糖花模型捏成之後，再塗上紅藍等各種顏色。古代的捏糖花也被稱為捏糖鳥，或許是因為當時的糖花模型只做成小鳥。

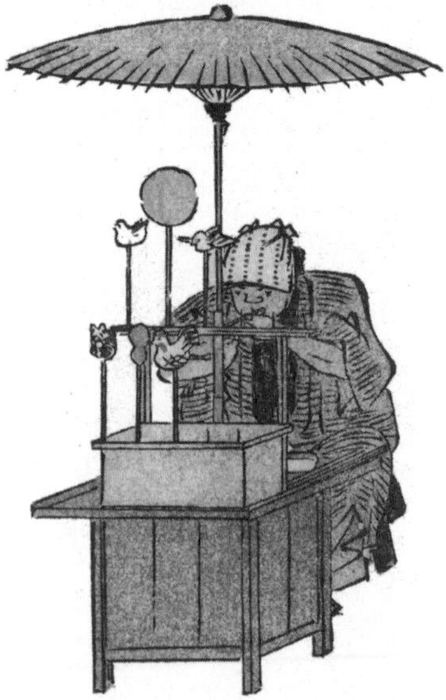

■捏糖花也是一種展現技藝的街頭表演《狂歌倭人物初編》

■京坂的飴糖販把吹了一半的飴糖放在攤子上出售。孩子買回家之後，便可繼續吹成各種形狀。《守貞謾稿》

■職人利用一隻手的四個指縫把黃米糕捏擠出來，每次蹦出四塊大小相同的黃米糕，速度之快令人目不暇給，捏好的黃米糕飛快地拋進裝著大豆粉的大碗裡。《守貞謾稿》

黃米糕店

蒸熟的大黃米（黍）放在臼裡搗爛之後成為黃米糕。通常是捏成圓形，裡面再包些豆沙餡，外面撒上大豆粉。江戶的神社和寺廟每隔一段時間，就把密藏的佛像或寶物拿出來公開展示，叫做「開帳」，這種廟會總是吸引大批民眾來看熱鬧，而且必能看到小販表演「飛糰子」。只見職人像表演特技似的，把黃米糕飛速拋進裝著大豆粉的碗裡。

甜品

■善哉販。落語裡講過一個故事，內容是說賣紅豆湯的小販把自己的招牌換成鍋燒麵，藉此向壞人報仇。因為賣紅豆湯和鍋燒麵的小販不但擔子的外觀相似，叫賣的方式也一樣。《守貞謾稿》

善哉販

石頭米花糖販

「米花糖」是用蜜糖攪拌蒸熟的白米作成的點心。加上「石頭」兩字，是為了表示堅硬如石的狀態。這種甜食最先是大坂道頓堀二井戶西的津之國屋的清兵衛（簡稱「津之清」）創造的，後來大受歡迎而成為名產，於是很多職人開始模仿，人人都穿著津之清的服裝，就連裝米花糖的木盒上也印著代表津之清的梅花家紋。

■石頭米花糖販《守貞謾稿》

「善哉」是一種京坂的甜食，作法是將沒有去皮的紅小豆加入紅糖煮成湯汁，吃的時候在湯裡加入圓形年糕。江戶則稱之為「汁粉」，作法是把紅小豆先去皮，然後用比較次等的白糖或紅糖煮成湯汁。在店裡吃的「善哉」價格較高，路邊攤的「善哉」在三大都市定價都一樣，一碗十六文。

■粽子匠《人倫訓蒙圖彙》

■十個粽子捆成一束《頭書增補訓蒙圖彙》

粽子匠

京坂的家庭生了男孩之後，要在第一個端午節分送粽子給親朋好友。日本的粽子是一種用糯米和米粉做成的糕餅。據《人倫訓蒙圖彙》介紹，粽子匠會做兩種粽子：笹粽與飴粽。笹粽是用小竹的葉子包著糯米糕，飴粽則用稻草裹住糯米糕蒸熟。因為糕餅部分蒸熟後變成飴糖的琥珀色，所以叫做飴粽。

■煎餅匠把煎餅一片一片放在炭火上烤炙

煎餅匠

江戶時代的百科辭典記載，煎餅是把壓扁的年糕放在火上煎炙而成，種類非常繁多，原材料採用米粉或麵粉，一片一片烤炙而成。譬如草加煎餅，現在幾乎已是鹹煎餅的代名詞，這種煎餅就是用粳米更熟搗爛，壓成薄薄的餅狀，然後一面塗醬油一面用火煎烤。

■《江戶買物獨案內》裡面介紹了好幾種有名的煎餅。譬如淺草並木町的「團十郎煎餅」非常大，直徑為五寸，餅上還印著三個方塊組成的商標，叫做「三升紋」。另外還有一種「卷煎餅」，是用煎餅捲著糖果做成。材料裡混入雞蛋的，算是比較高級的煎餅。

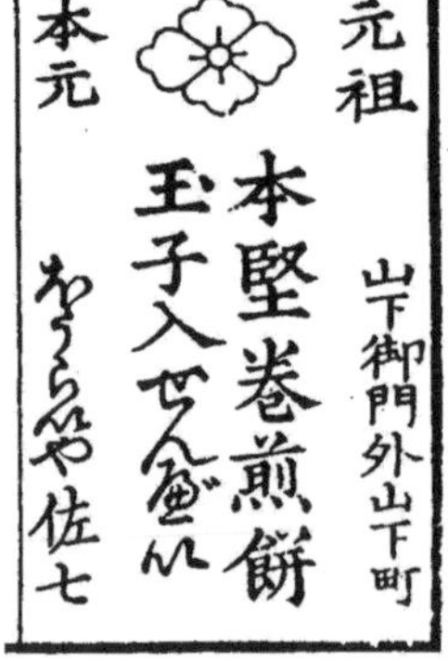

冰果

■冰水販。要喝冰涼的井水嗎？《今樣職人盡歌合》

冰水販

炎熱盛夏中，冰水販從井裡打來清澄冰涼的井水賣給行人。江戶的冰水販在冰水裡放些糯米丸和白糖，一碗四文。京坂則把冰水販叫做糖水販，冰水裡只放砂糖。

涼粉販

京坂江戶的涼粉販都要等到夏季才會出現。職人通常是當著顧客的面，用筒狀的壓麵器把整塊涼粉壓成麵條狀。京坂的涼粉售價每塊一文，顧客付錢後，在涼粉上面撒些砂糖才吃。江戶的涼粉售價每塊兩文，吃時才撒些砂糖或澆些醬油。

■西瓜販跟飴糖販一樣，都躲在傘下做生意。《諸職人物畫譜》

■涼粉販。酒瓶裡裝著醬油，涼粉則裝在木桶裡。《諸職人物畫譜》

西瓜販

夏季裡，凡是有人群聚集納涼的地方，就能看到小販兜售西瓜或香瓜。這類水果自古稱為「菓子」。但是到了江戶時代，京坂居民稱之為「果物」，江戶居民為了將水果跟乾菓子、餅菓子有所區別，所以稱之為「水菓子」

■菓子匠正在製作燒菓子《人倫訓蒙圖彙》

菓子匠

元祿三年（一六九〇）出版的《人倫訓蒙圖彙》記載，菓子匠不但會做各種乾菓子，也會做羊羹、各類饅頭、烏龍麵、蕎麥麵等，可見當時除了菓子類之外，他們還做很多其他吃食。菓子匠這一行主要是販賣自己製作的點心。

■菓子職人正在製作的「州浜」，是一種「棹物菓子」，亦即是長條形可以切成小塊的點心。《鼎左秘錄》

■江戶的菓子店招牌《守貞謾稿》

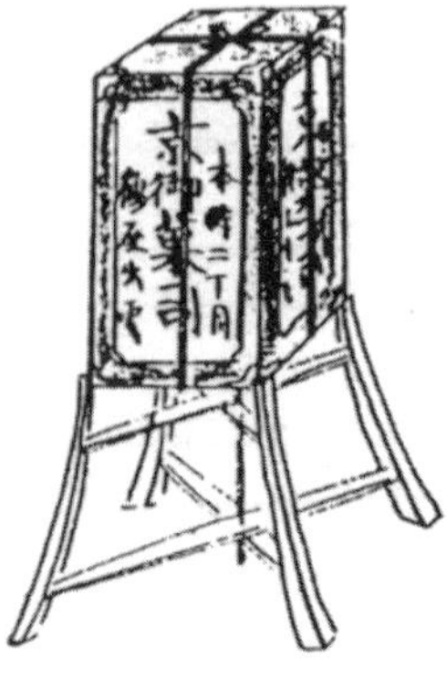

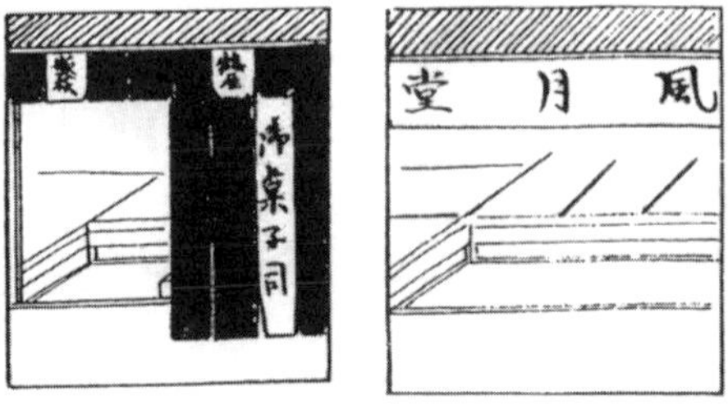

■門口垂著暖帘的是京坂的菓子店。右邊是江戶的菓子店。《守貞謾稿》

菓子

■菓子店老闆很仔細地把菓子裝進盒子裡《寶船桂帆柱》

菓子店

菓子店販賣使用白糖製作的上等菓子，也叫做「上菓子」。圖中的狂歌寫道：「菓子店裡商品多，『羊羹』廉價受歡迎，『落雁』才是招牌貨，『有平』金貴最好賺。」店裡的商品名稱都被嵌進這段文字。「有平」是指砂糖混合麥芽糖熬成的「有平糖」。

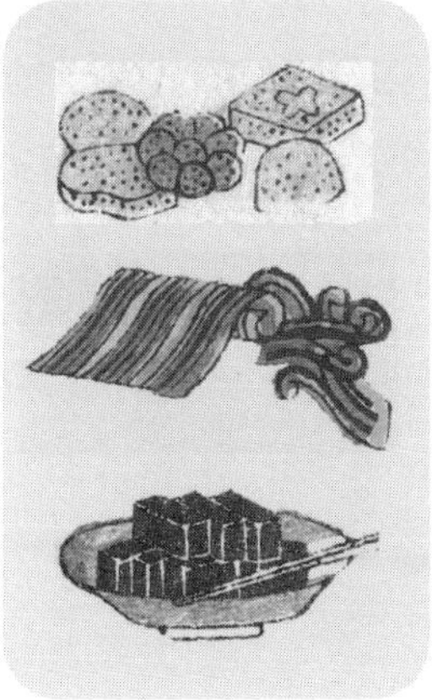

■由上而下：落雁、有平糖、練羊羹《商賣往來繪字引》

香煎師

米或麥炒香後磨成粉，叫做「炒粉」，再加入陳皮等香料後叫做「香煎」，當時大眾很喜歡把香煎混入熱水飲用，叫做「香煎湯」。江戶的茶店給客人送上的第一杯茶是煎茶，第二杯則送上香煎湯。

■香煎師使用中藥的藥碾來壓碎香料《人倫訓蒙圖彙》

道明寺師

「道明寺」是一種適於長期保存的乾燥米飯，最先由大坂道明寺的尼姑發明，後來變成了當地名產。道明寺乾燥米飯簡稱「道明寺」，是用蒸熟的米飯曬乾製成。所以用熱水浸泡後，立刻就能食用。據《日本山海名物圖繪》說明，道明寺是把上等白米蒸熟後，放在石臼裡搗成細碎顆粒，然後分裝在袋子裡。京菓子店都有這項商品，並利用這種材料製作點心，譬如包著豆沙餡的道明寺櫻餅、道明寺椿餅。

■幾位年輕尼姑把蒸熟的米飯放在陽光下曬乾《日本山海名物圖繪》

■道明寺師把乾米粉分裝在袋子裡《人倫訓蒙圖彙》

■煎茶的茶具。右邊是茶壺，涼爐（小爐子）。左邊是收納茶碗的碗筒。《素人庖丁》

挽茶與煎茶●綠茶有兩種，一種是磨成細粉的挽茶（抹茶），一種是用熱水沖泡的煎茶。江戶中期以前，煎茶必須放在火上煮出味道，直到八代將軍吉宗的時代，煎茶才開始使用茶壺沖泡。

挽茶店

挽茶也叫抹茶，指泡茶的茶粉。挽茶店把蒸過的茶葉曬乾，然後放在茶臼裡磨成茶粉出售。販賣茶葉的商店叫做葉茶屋，雖然也是茶屋，卻不是男女幽會的那種茶屋。

■挽茶店的人把宇治茶磨碎《人倫訓蒙圖彙》

■茶店的人在門前磨茶葉《繪本庭訊往來》

茶店

江戶居民不論到哪裡去都是徒步，所以供人喝茶小憩的茶店，對江戶居民來說非常重要。京坂等地的祇園社、清水寺、天王寺之類寺院神社門口也有屋棚型態的「掛茶屋」。這些茶店每天早上泡上一壺粗茶，整天都用這壺茶水招待顧客。茶費約五文一杯。江戶居民則喜歡到「水茶屋」喝茶，因為店裡雇了看板女侍為顧客服務。

■路旁的茶店《諸職人物畫譜》

■釀酒廠。插在暖帘上方的球形物體叫做杉玉，是用杉樹葉捆在一起做成的，也是新酒上市的標誌。《商人軍配記》

■顧客自帶酒瓶到酒屋裝酒《人倫訓蒙圖彙》

■酒屋老闆正在擦拭角樽。角樽是上方附帶提手的酒樽，喜慶節日時用來送禮的酒樽。《寶船桂帆柱》

攝津國伊丹、池田、灘等地的釀酒廠釀造的名酒都不經過批發商，而是直接送往京坂的零售店。運往江戶的名酒則用海運送到日本橋的批發店。當時的零售店賣酒是按照重量收費，顧客自備一只叫做「窮人酒瓶」的大瓶子來裝酒。

■下酒批發商都聚集在日本橋的新川《江戶名所圖會》

■京都運來的名酒正在卸貨《繪本庭訓往來》

下酒●「下」是從天皇的都城運往各地之意。「下酒」則指從伊丹、池田、灘等地運到江戶的清酒。江戶時代公認伊丹的清酒最高級，其次是池田的名酒。但是到了幕府末期，灘的名酒也開始受到好評。江戶城裡不僅出售下酒，近郊生產的地迴酒也送到城裡販賣。

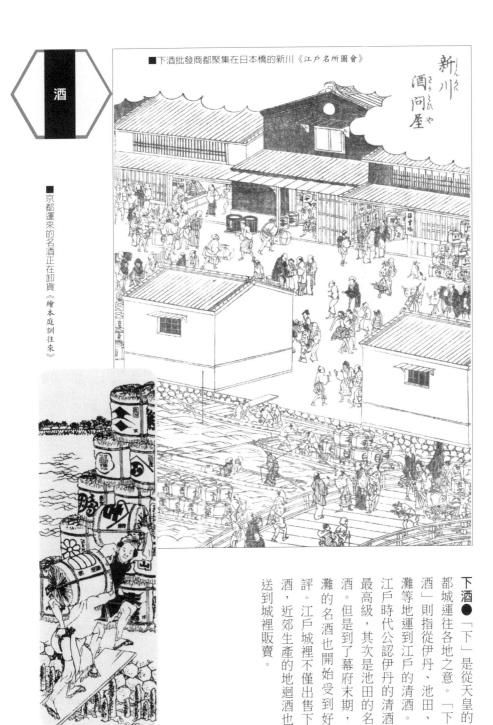

甜酒屋

甜酒雖叫做「酒」，其實只是一種深受大眾喜愛的夏季甜飲。做法是將白米煮熟後混入米麴，再放置一晚，就算大功告成，所以也叫做「一夜酒」。圖中的狂歌寫道：「生意名聲天下第一，金山銀山堪比富士。」意指一夜之間出現的富士山跟甜酒一樣有名。

■這家甜酒屋的店名似乎是「大黑屋」。除了這個店名，當時叫做「三國一」的甜酒屋也很多。《寶船跪帆柱》

甜酒販

京坂的甜酒販只有夏季夜晚才會出現在街頭，一碗六文。江戶則是一年四季都能看到甜酒販，一碗八文。甜酒販挑著扁擔沿街叫賣，擔子的一頭是放置茶碗與盆子的木箱，另一頭則是裝甜酒的大鍋。

■京坂的甜酒販挑著木箱，裡面裝著大鍋。後方是江戶甜酒販的扁擔。黃銅大鍋放在木箱的上面。《守貞謾稿》

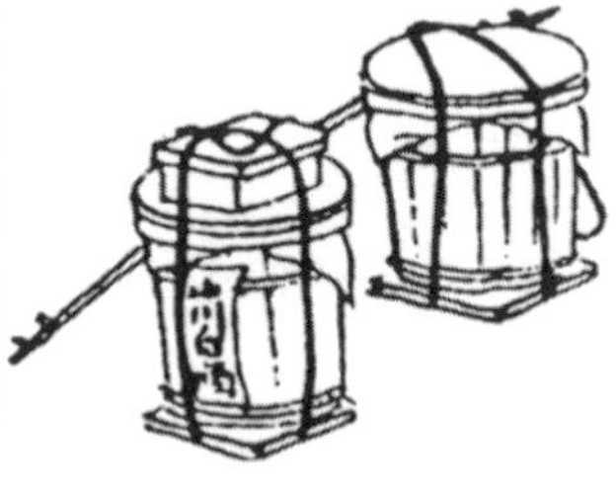

■白酒販的擔子上掛著木箱，裡面裝著玻璃酒瓶。《守貞謾稿》

白酒販

陰曆三月三日是「桃之節句」，三大都市的居民都用白酒供奉雛人形，所以白酒販每年只有在這段時間才會出現在街頭。白酒是名符其實的好「酒」，但根據《守貞謾稿》說明，路上販賣的白酒是專門做給兒童喝的，肯定採取了比較特殊的釀造法吧。

■桃之節句那天，「豐島屋」酒店擠滿來喝白酒的顧客。《江戶名所圖會》

■上巳節飲白酒慶祝之圖。「上巳」是五節之一，也叫「桃之節句」。《江戶大節用海內藏》

料理

「和食」的菜式到了江戶時代已經大致固定。像天婦羅、壽司、蕎麥麵等食物，江戶居民只要走上街頭，隨處都能買得到，而在長屋的廚房裡製作這些食物卻有相當的難度。當時不僅是賣熟食的商店深受歡迎，就連屋台也總是擠滿顧客。

■夜鷹蕎麥麵在江戶後期曾經風行一時。三大都市的蕎麥麵都是一碗十六文，加入配料的蕎麥麵一碗二十四文。《今様職人盡歌合》

夜鷹蕎麥麵

只有在秋冬之際的夜間，才能在街頭看到蕎麥麵攤。江戶稱之為夜鷹蕎麥麵，京坂則稱為夜鳴烏龍麵，但其實不論江戶或京坂的麵攤，都是既賣蕎麥麵也賣烏龍麵。而對晚餐後還在繼續熬夜加班的職人，或是遊手好閒的花花公子來說，蕎麥麵跟烏龍麵都是最好的宵夜。

■夜鷹原指路邊拉客的私娼，交易的時間都在晚上。據說因為這些夜鷹都喜歡吃蕎麥麵，所以才叫做「夜鷹蕎麥麵」。《守貞謾稿》

蕎麥麵店

江戶城裡每個町都有一家蕎麥麵店。蕎麥麵的吃法大致分為兩種：一種是在麵條下面墊著小竹簾的「盛」，另一種是澆上出汁食用的「掛」，兩者定價皆為十六文。放在麵上的配菜種類很多，譬如「芝蝦天婦羅」、「南蠻鴨肉」、撒了細碎淺草海苔的「花卷」、什錦材料組成的「卓袱」，價格從二十四文到三十二文不等。

■蕎麥麵店牆上的菜單裡有平假名寫著「卓袱」，作法類似什錦烏龍麵，麵裡混入炒蛋、魚板、香菇等各種材料。「卓袱蕎麥麵」就是什錦蕎麥麵，此外，還有作法相似的什錦蓋飯。《寶船桂帆柱》

蕎麥麵

慳貪屋

用大碗裝一碗米飯、蕎麥麵或烏龍麵送到顧客面前的食堂，叫做「慳貪屋」。據《守貞謾稿》說明，「慳貪」的意思相當於吝嗇，而這類食堂只提供一碗，並不鼓勵顧客吃第二碗，所以叫做「慳貪屋」。最初是有蕎麥麵店號稱「慳貪」，接著又有食堂、酒店開始仿效，最後甚至連妓女都有自稱「慳貪」的。

■右邊是賣蕎麥麵和飯類的慳貪屋，左邊是賣烏龍麵的慳貪屋。《守貞謾稿》

■顧客訂購的蕎麥麵裝在食盒裡送到顧客手中。食盒名叫「慳貪盒」。《守貞謾稿》

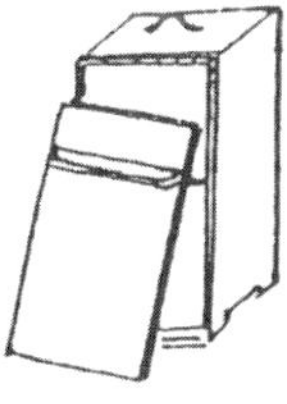

■小攤上現炸現吃的天婦羅《江戶久居計》

天婦羅

天婦羅店

江戶後期，到小吃攤去吃天婦羅的飲食文化逐漸成形。每個町裡凡是行人密集的地點，一到了晚上，總可以看到三、四個天婦羅小吃攤。天婦羅店不僅在店裡出售天婦羅，也在門前擺設小吃攤。天婦羅的材料主要是來自江戶前（東京灣）的魚貝類，譬如海鰻、芝蝦、油魚等。

茶飯販

晚餐後快到宵夜的時刻，江戶街頭就有茶飯販沿街叫賣，但在京坂街頭卻看不到這類小販。茶飯販叫賣的商品有茶水煮飯和勾芡豆腐。天保年間（一八三〇－一八四四）以後，茶飯販還兼賣稻荷壽司。

■每晚二更之後（晚上九點－十一點左右）茶飯販挑著擔子出現在街頭《守貞謾稿》

天婦羅●關於天婦羅這個名詞的起源有很多傳說，其中之一，據說有個上方出身的男人打算開一家天婦羅店，戲作家山東京傳就幫他取了這個名字。因為一位天竺浪人從大坂到江戶遊蕩時發明了天婦羅這種食物，並在江戶開店販賣。最初叫做「天麩羅」，「天」表示天竺，「麩」表示小麥，「羅」表示很「薄」，表示天婦羅是一種外面裹著麵粉薄衣的食物。

■開在繁華大街的握壽司小吃攤《守貞謾稿》

壽司販

■江戶的壽司販。京坂沒有這種扛在肩頭叫賣的壽司販。《守貞謾稿》

壽司店

江戶的壽司店非常多，每個町都有一兩家。不管有名無名，所有的壽司店都在門前設置了小吃攤，也有很多壽司店只開個攤子，就算開店了。江戶的壽司是職人用手握成的，上面的材料有煎蛋、蛋捲、銀魚、鮪魚生魚片、虎蝦、油魚、紅燒海鰻等。蛋捲壽司收費一個十六文，其他的壽司一個八文。

三大都市的壽司店都是在店內或攤子上販賣壽司，江戶還有一種壽司販，把層層堆疊的壽司盒扛在肩頭叫賣。春季時，他們只賣油魚壽司。

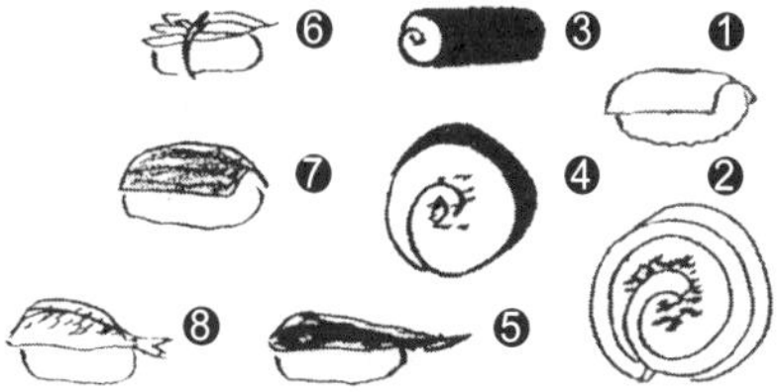

■江戶的握壽司。❶雞蛋❷蛋捲❸❹中間捲著葫蘆乾的海苔捲❺海鰻❻銀魚❼生魚片❽油魚❼❽的米飯和壽司材料之間放入山葵《守貞謾稿》

壽司

醋飯壽司匠

醋飯壽司●醋飯壽司是一種「熟壽司」，作法是把魚和蕪菁之類的蔬菜跟米飯一起放在麴裡醃製而成。壽司的起源就是熟壽司，製作時把米飯塞在鹽醃的魚身裡面令其發酵，然後才吃發酵的魚。

■醋飯壽司匠《人倫訓蒙圖彙》

■深川的料理茶屋裡，賓客正在舉行賞雪酒宴。坐在上座的客人用大杯暢飲美酒。《江戶名所圖會》

料理茶屋

料理茶屋是指專門提供和式料理的餐廳。京坂跟江戶的調味與上菜方式各不相同。京坂的料理講究味道淡薄，盡量抑制醬油的鹹味，以便襯出食材本身原有的滋味。江戶的料理則以出汁（出汁）加上味醂或砂糖調味，吃完總覺得嘴裡有殘留的甜味。《守貞謾稿》記載，京坂的居民喜歡到餐廳吃喝，所以餐廳也不管宴會的人數，不斷端出許多料理，想藉此大撈一筆。而江戶的餐廳則從嘉永年間（一八四八－一八五四）開始，以「會席方式」為名，盡量配合賓客人數，提供不多不少或稍微剩下少量的料理，以減少顧客的經濟負擔。不過，據說在比較高級的料理茶屋吃上一頓，平均每人大概要花費銀十匁，對庶民來說，這種餐廳的料理還是遙不可及的。

■燈籠上寫著店名「梅川」。事實上，柳橋曾有一家非常有名的同名餐廳。《寶船桂帆柱》

■廚師正在宰殺一隻鶴《素人庖丁》

廚師

最早以烹飪為職業的人，應該是古代掌管天皇家飲食的所謂「膳夫」或「膳部」的一群人吧。根據《人倫訓蒙圖彙》說明，以烹飪才藝為生的人，都叫做「料理人」或「庖丁人」，江戶時代則稱之為「料理番」或「板前」。

■廚師使用魚筷處理鯛魚《人倫訓蒙圖彙》

會席

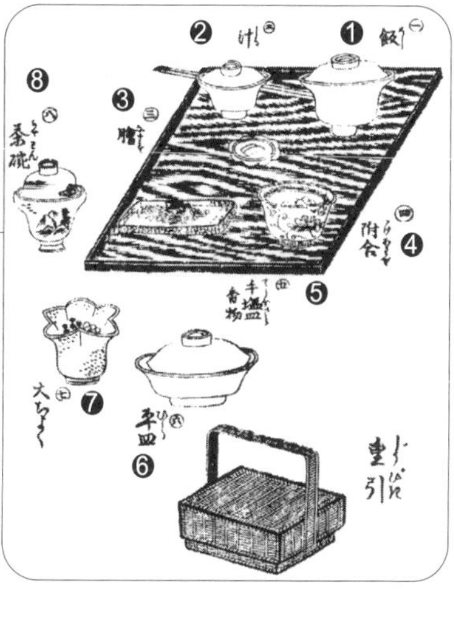

■會席膳盤。❶米飯❷湯汁❸膾（生魚片）❹小菜❺小淺碟❻淺碟❼大酒杯❽茶碗《料理早指南》

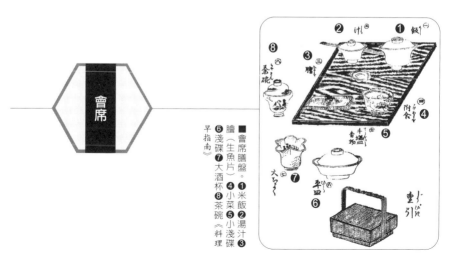

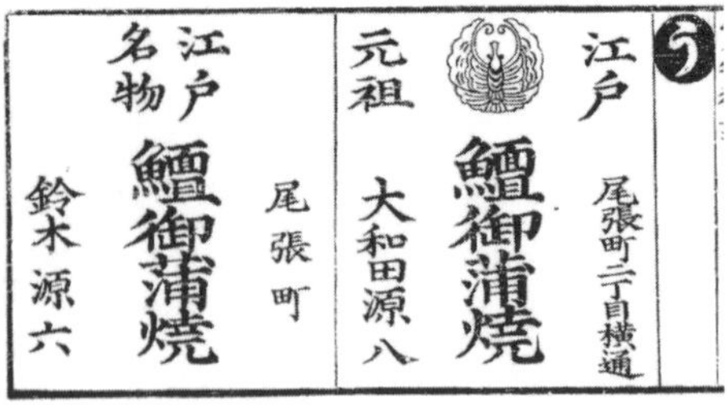

■江戶後期的《江戶買物獨案內》刊載了當時的鰻魚名店

鰻魚店

江戶有專賣鰻魚料理的餐廳，京坂卻沒有這種料理店。不過京坂有些擁有魚塘的河魚料理店，原本主要提供鯉魚和鯽魚的生魚片，但也同時提供鰻魚料理。「蒲燒」這個名稱的由來，是因為從前的鰻魚料理，都是用一根竹籤插著一段圓筒狀的魚身進行燒烤，看起來很像香蒲的花穗，所以被稱為「蒲燒」。西日本琵琶湖的瀨田鰻，東日本深川的鰻魚都是全國馳名的特產。

■職人先用「釘眼錐子」把鰻魚固定在砧板上，然後才開始宰魚。《傳說》

■江戶前大蒲燒店。體型大的鰻魚每盤裝一串，中等尺寸的鰻魚每盤裝兩三串，定價都是二百文。《寶船桂帆柱》

鰻魚

鰻魚飯●京坂把鰻魚飯叫做「撒滿」，江戶叫做「蓋飯」。首先把滾燙的米飯鋪在碗底，上面放幾塊燒烤過的小塊鰻魚，再把米飯鋪在上面，然後反覆數層輪流鋪上鰻魚和米飯，每份定價百文至兩百文。鰻魚飯在京坂是有魚塘的餐廳才提供這道料理，江戶則在鰻魚專門店就能吃到。

■鰻魚飯。大碗上一定放著一雙方便筷。因為三大都市從文政年間（1818~1830）已開始使用這種免洗筷子，使用時從中間掰開變成兩根筷子。《守貞謾稿》

■大盤裡裝滿菜餚，旁邊還有火鍋。居酒屋的客人開懷暢飲，忘卻煩憂。《質屋雀》

居酒屋

居酒屋的簷下掛著草繩暖簾，顧客坐在空醬油桶上喝酒。當時有一種賣熟菜的食堂，用盤子裝著烤豆腐、紅燒小菜、煮豆子等提供給顧客，有些熟菜店還提供酒水。居酒屋跟這類熟菜店非常相似，但商品以酒水為主。

■燙酒瓶（左）與燙酒壺。左圖的店裡就掛著許多燙酒壺。《素人庖丁》

■居酒屋老闆把燙好的溫酒和菜餚送到客人面前《寶船桂帆柱》

三月三日●上巳節，也叫桃之節句。一般家庭都用雛人形做裝飾，並且供上菱餅和白酒。《女遊學操鑑》

江戶
豆知識

正月元旦●大家喝屠蘇酒慶祝新年。一月七日吃七草粥，十五日叫做小正月，吃赤小豆粥。《世志此錢占》

春

五月五日●端午節是男孩的節日。大家在家裡擺設菖蒲刀或武士人形做裝飾，一起吃粽子以示慶祝。《女遊學操鑑》

夏

四月一日●服裝換季。這天之後捕捉到的第一批鰹魚叫做「初松魚」、「初鰹」，價格特別昂貴。《質屋雀》

【江戶風情歲時記】

江戶的曆法●江戶時代採用以月亮運行為依據的太陰曆，當時一般人只要抬頭看看夜空裡的月亮形狀，就能推算出當天是幾號。江戶的春季是從正月到三月，夏季從四月至六月，秋季從七月至九月，冬季從十月到十二月，十二月也稱為「師走」。太陰曆裡標示的日子，大約要過四十天之後，才在現行的太陽曆裡出現。西行法師寫過一首和歌：「願死春花下，如月望日時。」歌中的春花是指櫻花。如月（二月）的望日，也就是滿月時，剛好正是櫻花盛

秋

八月十五日●中秋節。大家把月見糰子、芋頭和毛豆裝在盤子裡拜月，同時還奉上神酒和芒草。《永代節用無盡藏》

九月九日●重陽節。平安時代的這一天，皇宮裡舉辦菊花宴，喝菊酒，吃栗子飯，整晚盡情欣賞菊花。《女遊學操鑑》

冬

十月二十日●祭財神。為了祈求生意興隆，除了祭拜商業之神惠比壽，還要大開宴席。每年此時，新蕎麥也已收穫。《世志此錢占》

十月亥日●亥子餅，玄豬。家家戶戶在這天舉行祭典，祈求全家像豬一樣多子多孫，同時還要吃白餅、小豆餅、黑餅。《女遊學操鑑》

開的時候吧。

節句●一年之中，根據季節變換而舉行的例行慶祝活動，共有五個，叫做「五節句」：一月七日的人日、三月三日的上巳、五月五日的端午、七月七日的七夕、九月九日的重陽。重陽節當天大家都要品嚐菊花酒。除了重陽節之外，其他四個節日至今仍像古代一樣慶祝。

第四章・養生

醫療與藥品

◆醫生◆人體模型師◆金創醫◆外科醫◆伯樂
◆兒科醫◆牙醫◆義齒匠
◆針師◆按摩

醫療

■上野池之端的藥店「錦袋圓」。店面設計得很像青樓，在當時頗受矚目。《江戶名所圖會》

藥店 ◆藥材商◆生藥店

藥販 ◆是齋販◆枇杷湯販◆艾絨販◆膏藥販

江湖藝人 ◆香具師◆抽快刀◆耍陀螺◆說唱小販◆牙粉販

藥

■醫生也是藥劑師，自古被稱為「藥師」。《頭書增補訓蒙圖彙》

養生

生病該看醫生？吃藥？還是求神問佛？有求必應的江戶醫療

現代人生了病或受了傷，一定立刻奔進醫院求治，但同樣的事情發生在江戶人身上時，每個人的對策都不一樣。愛打架的江戶子若是打得頭破血流，可能還是會找醫生診治，但是像傷風感冒這種小事，很多人就會認為，只要吃碗熱湯麵，蒙頭睡上一覺就行了。即使自己的內臟出了什麼問題，江戶子也會理所當然地認為，還是先吃點成藥吧。

既然一般庶民都擁有這種生活智慧，也懂得吃藥治病，江戶時代醫療從業人員的人數應該很少才對吧。事實上，當時的醫生人數卻多得驚人。

●江戶的醫生不需要執照　江戶時代的職人或商人都是繼承父業。但是像醫生這種職業，因為不需要特別的執照，所以只要立志投身這一行，任何人都能開業當醫生。也因此，有些庸醫也不管病人是身體不舒服，還是得了其他的毛病，都只會千篇一律給患者喝碗葛根湯，而且這種庸醫幾乎滿街都是。江戶後期的文政年間（一八一八—一八三〇）曾經出版過一本《江戶今世醫家人名錄》。這是一本醫生名簿，書中按照醫生的姓名順序記載著江戶城裡的兩千多名醫生，除了標明每人的專科，譬如本道（內科）、外科、眼科、針灸等，同時還記錄醫生所在的町名。如果是受雇於大名家的御抱（御醫），也會註明藩名，並在文字最後記載姓名。名簿裡大約半數是內科醫生，其中也有兼任兒科或外科的醫生。這些內科醫生當中，大約半數是沒受到大名家雇用的「町醫者」，如果再加上沒被載入名簿裡的葛根湯庸醫，當時號稱百萬人口的江戶城裡的醫生人

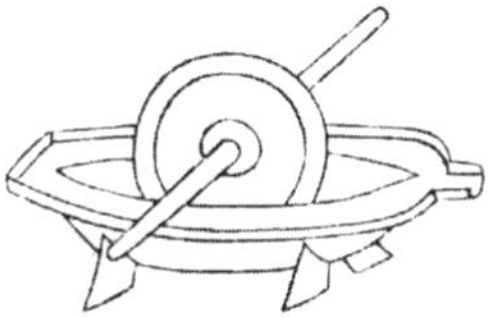

■藥碾。藥碾是醫生和藥店不可或缺的製藥道具。先把藥材放進碾槽的船形底部，用碾盤把藥材滾壓成粉末。《頭書增補訓蒙圖彙》

數，顯然超過了實際需求。

●大部分町醫者都是漢方醫　當時的醫生看病都採用「脈診」，也就是根據脈搏跳動的情形做出診斷，這種診斷法也是漢方醫學最重要的部分。醫生做出診斷後才為病人配藥，而病人付給醫生的治療費稱為「藥禮」。也就是說，醫生只收「藥費」，問診及其他費用一概全免。行醫的內容包括脈診與配藥。當時想要成為醫生的人，就得拜名醫為師，每天幫師父碾藥，偶爾代替師父診脈，並以這種方式累積自己的醫術。

●小病靠成藥治癒肺結核　在江戶時代被稱為「勞咳」，是最具代表性的難治之症，但是當時並沒有決定性的特效藥。得了這種難症的患者若是手邊沒有一點積蓄，再碰到醫生開了昂貴的人參當藥材，那真得賣了女兒才吃得起藥呢。碰到這種情況，就算結核治好了，病人最終還是會像一首歌留多詩句描寫的那樣：

「喝下人參湯，嗚呼赴黃泉。」

事實上，一般人在日常生活中遇到一些頭痛、腹痛等病痛，都不會像結核那樣攸關生死，大多都能靠成藥解決。當時大家耳熟能詳的成藥包括：反魂丹、和中散、實母散、奇應丸等。反魂丹是一種治療消化不良和腹痛的藥丸，在元祿年間（一六八八—一七〇四），由富山藥販推銷到全國各地。和中散是一種夏季販賣的粉劑，專治霍亂（日射病）、暈眩等症狀。實母散是婦女的藥品，奇應丸能治療小兒夜啼、哭鬧不止。

當時如果發生流行病，也就是出現疫病蔓延的狀況時，醫術和藥品都沒法拯救災民，大眾只能以符咒或巫術預防疫病。萬一真的得了疫病，除了向神佛祈福外，完全束手無策。

醫療

江戶時代，人人都認為有病就該在家休養。醫生提著藥箱到患者家裡看診之後，才向患者收取藥費。因為當時的醫生也兼任藥劑師。而民間則盛行以針灸和按摩來維護日常健康。

醫生

江戶時代的醫生不需要執照，想當醫生的人就去找一位町醫者拜師，從草藥的基礎知識開始學起。古典落語有個段子叫做「代脈」，是講弟子代替師父去病患家看診的故事。「代脈」即是實習醫生，弟子通常跟著師父背誦藥名，偶爾為病患進行脈診，以這種方式逐漸成長為獨當一面的醫生。

■醫生正在調配藥材。後方藥櫥的抽屜裡分別裝著不同的中藥材。《狂歌倭人物初編》

人體模型師

■人體模型師《人倫訓蒙圖彙》

人體模型●根據東洋醫學觀點的「經絡」為基礎製作的模型，使用者藉以了解人體循環系統的狀態。戲劇的道具也有人體模型，但是戲劇的模型尺寸跟人體一樣，目的是當作演員的替身。

金創醫

金創（金瘡）是指刀劍造成的割傷。專門治療這類創傷的金創醫必須膽大，不能輕易就被嚇倒。《人倫訓蒙圖彙》也指出，膽小懦弱的人還沒動手治療傷者，自己就先嚇昏了，這種人只能當個下等金創醫。

■患者的左臂傷勢況異常嚴重，金創醫正在為患者診治。《人倫訓蒙圖彙》

外科醫

外科醫承襲金創醫的知識技術而自成一派。戰國時代，戰爭中受到刀傷或槍傷的患者都是由金創醫負責診治。江戶時代雖然天下太平，沒有戰爭，但是對喜歡打架的江戶子來說，外科醫的地位是很重要的，有了外科醫，江戶子才能安心。

■外科醫正在為患者擦拭傷口的鮮血《人倫訓蒙圖彙》

醫生

伯樂

伯樂●伯樂就是獸醫，專治牛馬的疾病，通常稱為馬藥師或馬醫。除了治病之外，伯樂還懂得看相，當然是看馬相而非人相，藉此判斷馬匹的好壞。

■伯樂《頭書增補訓蒙圖彙》

兒科醫

幼兒不善以語言說明自己的病況，所以在各科醫生當中，兒科醫的工作難度最大。據《人倫訓蒙圖彙》記載，兒科醫之間流傳一種口訣，把兒科疾病分為陰陽兩個部分，並把患者臉色分為青、黃、紅、白、黑五種，醫生便根據五種臉色分別處方。陰陽是漢方醫學的基礎概念，從青、黃、紅、白、黑等五種臉色則可看出內臟疾病的傾向。譬如肝臟有問題的話，臉色發青；胃腸有問題的話，臉色發黃。

■兒科醫《人倫訓蒙圖彙》

牙醫

日本人在一年之始有慶祝「健齒」的風俗，《人倫訓蒙圖彙》也指出，牙齒保養得宜，才能長命百歲。所以大眾在新年期間都要吃些堅硬的食物，譬如像蘿蔔、栗子、魷魚等，為新的一年祈求消災。江戶時代的牙醫除了治療蛀牙，也為患者拔牙，義齒則由專門的義齒師負責製作，但也有些牙醫像下圖的廣告裡介紹的那樣，業務範圍相當廣泛。

■牙醫《人倫訓蒙圖彙》

義齒匠

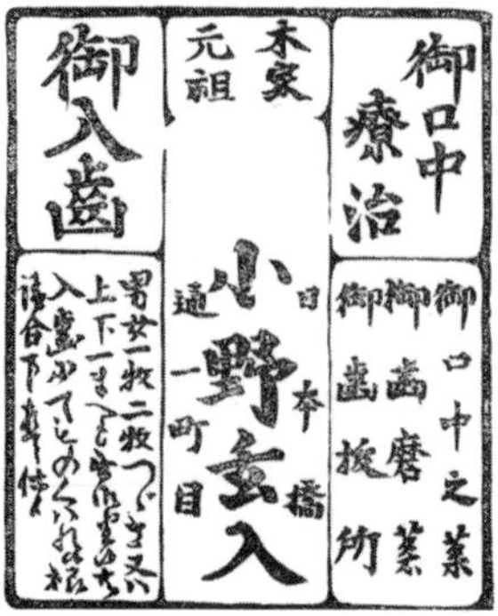

■這位牙醫不但製作義齒，為患者拔牙，同時還向患者推銷他身邊的牙粉。《紫草江戶商標集》

義齒●眾所周知，德川家康嘴裡裝了一副義齒。據說當時義齒的牙托是用黃楊木雕刻而成。這種義齒顯然會令口腔感到非常不適，但是咀嚼的力道卻相當優異。

針師

針師是用針具刺進穴位進行治療的人，也叫做鍼師。《人倫訓蒙圖彙》裡介紹了各種施針治方式，譬如像刺針、捻針、管針等。刺針、捻針都是為了減輕疼痛的施針法。管針則是一種創新的施針法，先把針具放在針管裡，然後用指尖輕敲突出針管的針具，讓針刺進穴位。

按摩

按摩是以按揉推壓等各種指法在患部進行治療的方法。這一行的經營方式很多，有些按摩師只到熟客家裡服務，有些按摩師並沒有固定的主顧，而是在街頭隨意遊走，叫做「風來」，還有些按摩師在自宅開業。

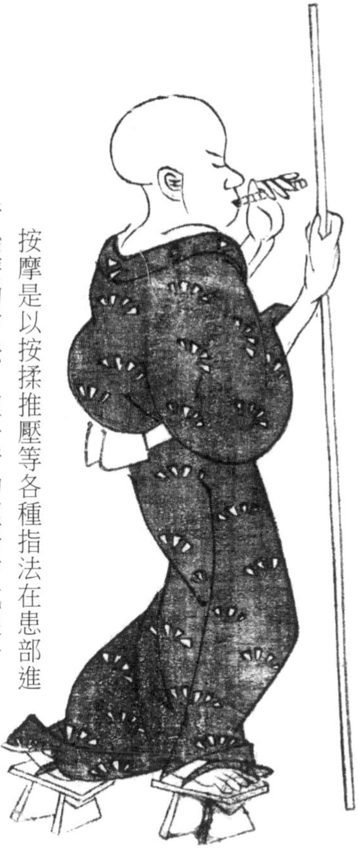

■吹著笛子在街頭巡迴攬客的「風來」按摩師《今様職人盡歌合》

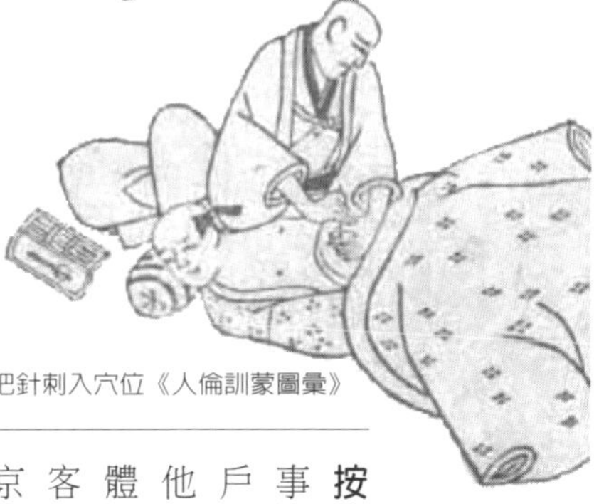

■針師把針刺入穴位《人倫訓蒙圖彙》

按摩

按摩治療●在自宅從事按摩服務的人，江戶稱之為「足力」。他們用木杖撐著身體，以踩踏方式對顧客的腰部進行治療。京坂地區沒有這種腳踩的按摩師。

■全國各地的按摩師以盲人居多，但也有雙眼健全的人從事這一行。《諸職人物畫譜》

藥

藥店是從江戶時代才開始普遍在店頭擺出看板，並用大字寫著○○丸，△△膏之類的商品名稱。賣藥這一行自古以來生意興旺，藥商不僅在店裡賣，還有很多藥販四處遊走或在街頭以表演吸引顧客。

藥材商

藥材是指製作漢方藥的原材料。《人倫訓蒙圖彙》裡關於藥材商的說明指出，藥材的來源包括草木鳥獸，大多來自中國。此外，日本國內也產銷大量藥材。書中還提到，根據《本草綱目》記載，藥材共有一千八百九十二種。這本著作是中國明代出版的一部有關動植物的百科全書，於江戶初期傳入日本。

■正在切藥的藥材店職人《人倫訓蒙圖彙》

■藥材商。店頭的立式招牌上寫著「地黃丸」。這是一種由地黃和其他數種藥材調製而成的補血強壯劑。老闆在店內調配完成後，分裝在紙袋裡出售。《繪本士農工商》

藥店

生藥店

生藥店（木藥店）是指出售配好的漢方生藥的藥店。全國主要道路的宿場都有一些頗具歷史的藥店，譬如相傳由德川家康命名的「和中散」，就是由這類生藥店配製而成。全國三大都市都有很多這種藥店，據《江戶買物獨案內》記載，江戶城裡就有兩百六十家生藥店。

■生藥店的職人使用藥碾切藥。一根滾軸從圓盤狀的碾盤中央穿過，職人的兩手抓著滾軸，前後滾動碾盤，壓碎碾槽裡的藥材。畫中的狂歌寫道：「手裡加把勁，貌似藥材更有效，添財又增壽。」《寶船桂帆柱》

立式招牌●各行各業當中，藥店的招牌顯得特別講究耀眼。這種立式招牌通常都像屏風一般設置在店門的正面，上面用大字寫著店裡的主力商品。上圖的招牌上寫著「地黃丸」。

■藥材商的立式招牌上畫著十六瓣菊紋。店家採用這種專屬皇家的紋樣，是想藉此表現自己是皇家專用藥店。《守貞謾稿》

是齋販

■前方是大坂的是齋販。後方是江戶的定齋販，熱天也不戴帽子。《守貞謾稿》

販賣抗暑藥粉「和中散」的小販。據《守貞謾稿》記載，這種粉劑在東海道草津宿東邊幾家藥店販賣，其中一家是本店，叫做「是齋」。其他幾家則取了類似「定齋」之類相似的店名。全國製作「和中散」的藥店共有三家，另外兩家位於大坂的天下茶屋，以及江戶的大森。

枇杷湯販

曬乾的枇杷葉煮成的湯汁叫做枇杷湯，是一種大眾喜愛的夏季消暑良藥。最先是由京都烏丸的藥店發明，後來三大都市都有小販打著這家藥店的名號四處販售。京坂的小販是挑著擔子叫賣，江戶的小販則把擔子放在橋上等候顧客上門。大坂的枇杷湯總店在天滿，小販叫賣時便一路嚷著：「眾所周知的正牌天滿難波橋朝田枇杷湯。」

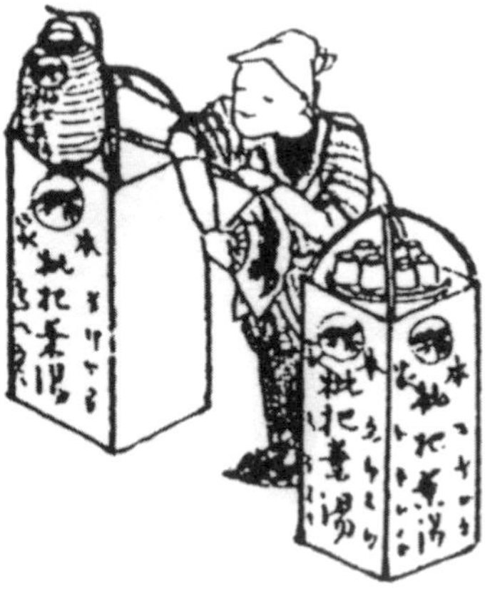
■枇杷湯販《守貞謾稿》

和中散●是用枇杷葉、桂枝、甘草等生藥配合而成的漢方藥，食物中毒或中暑時服用。德川家康曾經服用這個藥治好了腹痛，所以便為它取名「和中散」，表示能讓腹中感到平和之意。

■艾絨販《守貞謾稿》

艾絨販

近江國的伊吹山是艾絨著名產地，艾絨是製作艾灸的原料。當地的柏原開了許多艾絨店，其中以龜屋左京的歷史最久，也是把伊吹艾絨推廣到全國的艾絨店。據說艾絨販都打扮成旅人，一面叫賣一面唱著：「江州的伊吹山麓，柏原本家龜屋左京的艾絨好棒啊。」

膏藥販

膏藥是治療跌打損傷或凍傷皸裂時貼在患處的膠狀藥材。古人常把膏藥存放在蛤蜊的貝殼裡，使用時塗在紙或布上，然後貼在患處。有些膏藥販就像下圖擺地攤的小販，把商品陳列在草蓆上，也有些小販挑擔叫賣，平時在湯屋二樓的休息處，也有賣膏藥的小販兜售生意。

■擺地攤的膏藥販《今樣職人盡歌合》

■左邊是背包袱做生意的膏藥販《繪本士農工商》

艾●「艾草」是一種氣味芬芳的草類，雛祭的供品草餅，就是把煮熟的艾草放在糯米飯裡面搗成的糕餅。艾草葉曬乾後弄成棉絮狀，叫做「艾絨」，是艾灸的材料。

■艾絨是橫跨近江與美濃的伊吹山名產。這裡製造的艾絨銷售到全國各地。《商賣往來繪字引》

香具師

「香具師」指那些在祭典、廟會裡以表演吸引顧客的注意，並藉此銷售商品的地攤小販，據說「香具師」這個稱呼最初寫成漢字「野士」兩字，因為他們名符其實都是落魄武士，為了混口飯吃才在路邊賣藥。據《守貞謾稿》指出，「他們的買賣分為十三種，大致都是推銷藥品或香具。譬如像牙粉算是牙齒的藥，口紅算是嘴唇的藥，白粉算是臉孔的藥，艾絨則是出門在外必備的應急藥。」

抽快刀

■「抽快刀」是一種吸引顧客的特技表演。表演者站在疊了好幾層的三方盤上，唰地一下，從刀鞘裡抽出長刀，然後開始向圍觀的群衆推銷牙粉。有些表演者還替觀衆治療牙病或製作義齒。《今様職人盡歌合》

耍陀螺

■江戶中期的香具師松井源水是有名的陀螺名人。他在淺草奧山的繁華街靠耍弄陀螺吸引顧客，藉此推銷牙粉和各種成藥，其中還包括越中富山的反魂丹。《今様職人盡歌合》

說唱小販

滔滔不絕地鼓動三寸不爛之舌，向觀眾推銷商品的露天販叫做說唱小販。據《人倫訓蒙圖彙》介紹，每當各地舉辦市集，或寺廟公開展示佛像的廟會上，他們便在人群中憑著一張能言善道的嘴，向群眾推銷萬應丹、髮油之類的商品。有些人還厚著臉皮故意裝神弄鬼，或展示蛇身，或玩弄木偶，或者模仿他人，藉此吸引觀眾進行推銷。

■說唱小販把膏藥裝在貝殼裡出售《人倫訓蒙圖彙》

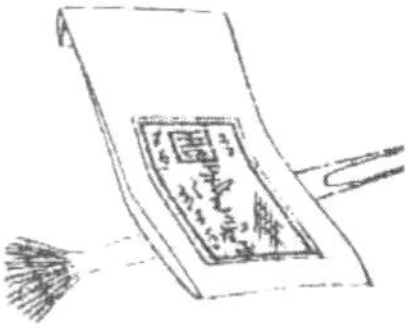

■牙粉與房楊枝《早引漫畫》

牙粉販

牙粉是靠賣藝攬客的香具師大力推銷的商品，三大都市的日用雜貨販也會把牙粉放在擔子上，此外，江戶還有專門賣牙粉的小販。

■牙粉販的皮箱《守貞謾稿》

■蟾蜍《戲場訓蒙圖彙》

蟾蜍油販●蟾蜍油販是所有江湖賣藝的小販當中最能言善道的。他們一上場，先抽刀在自己的手臂上劃道傷口，然後唸上一段精心設計的開場白，極力吹噓蟾蜍油的止血功能：「收集這油之前，必須在四面放好鏡子，地上鋪起鐵絲網，再把蟾蜍趕到鏡子當中。牠們看到鏡中自己的瞬間，當場驚得全身不斷流下冷汗。汗水流到網子下面，收集起來，再用火慢慢熬煮，連續熬上三七二十一天，用細柳枝來回攪拌，最後才熬成這蟾蜍油……」

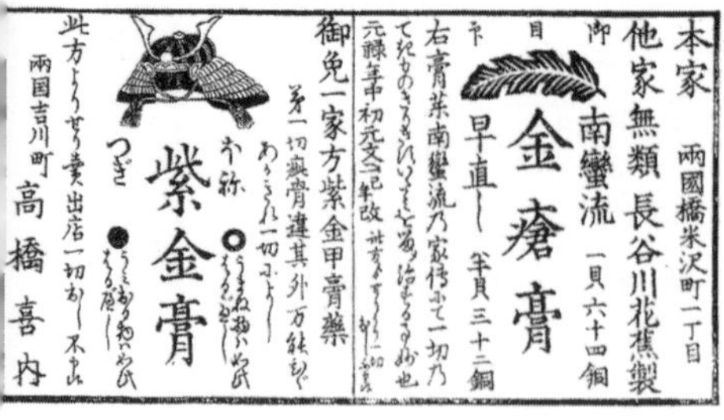

■金瘡膏，紫金膏。塗在割傷、擦傷患處的軟膏。

■眼藥五靈香，江戶幕府開府以來就有的成藥。

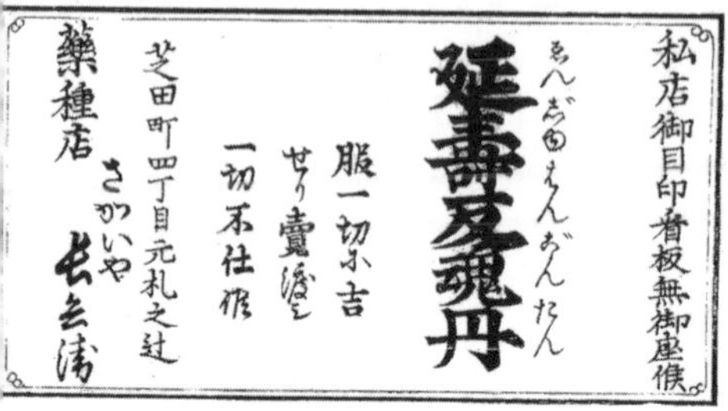

■反魂丹是越中富山藥商配給客戶的常備藥，江戶是放在藥店出售。

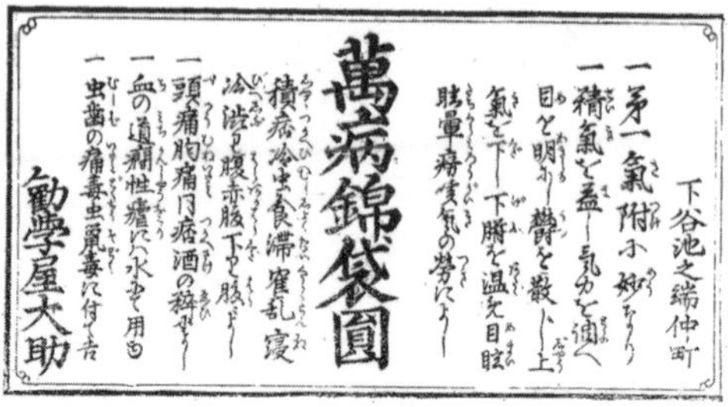

■錦袋圓。在不忍池附近一家著名生藥店販賣。

■地黃丸是增強精力的藥品。「六味」表示使用了六種藥材。

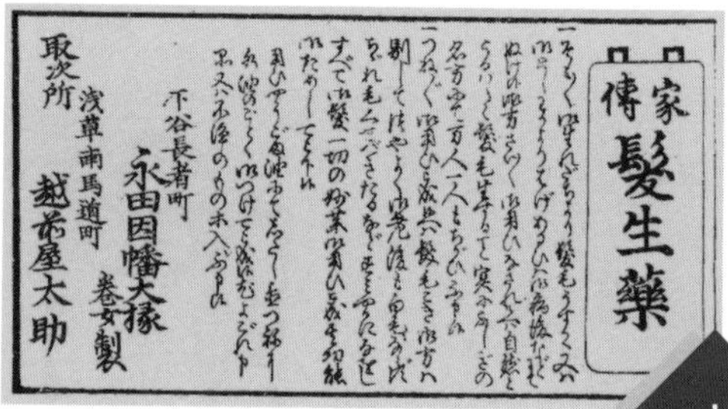

■祖傳生髮藥。生髮劑似乎是當時的熱門商品。

【良莠不齊的江戶成藥】

文政年間（一八一八—一八三〇）出版的《江戶買物獨案內》記載了江戶市內的各種商店，商店名稱按照五十音順序排列，並記錄了業種的分類，其中代表「藥品」的「く」類，頁數極多，總共登記了三百多家藥材商

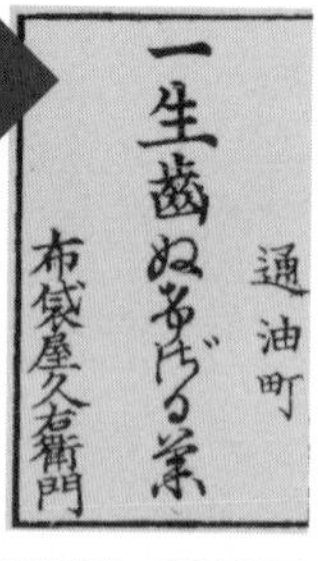

■吃了一輩子都不會掉牙的藥。真的有這種藥？

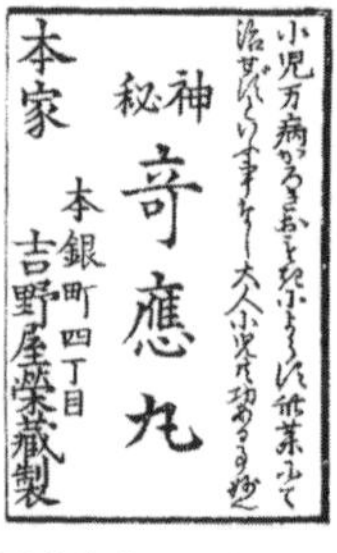

■奇應丸。跟救命丸一樣都是至今仍在販賣的傳統兒科成藥

江戶
豆知識

?

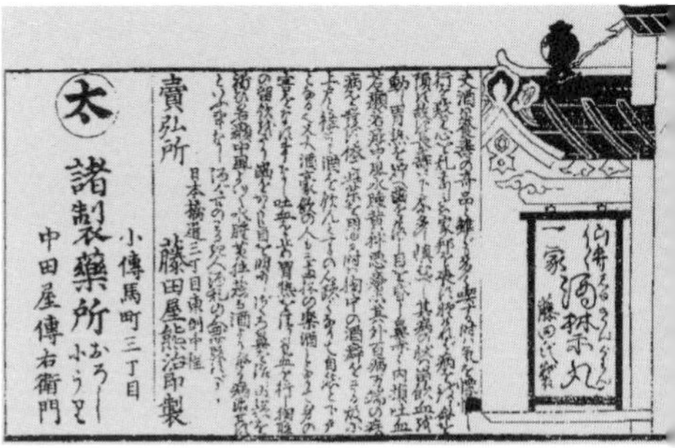

■酒禁丸。宣傳文中指出，吃藥之後，自然就不再想喝酒

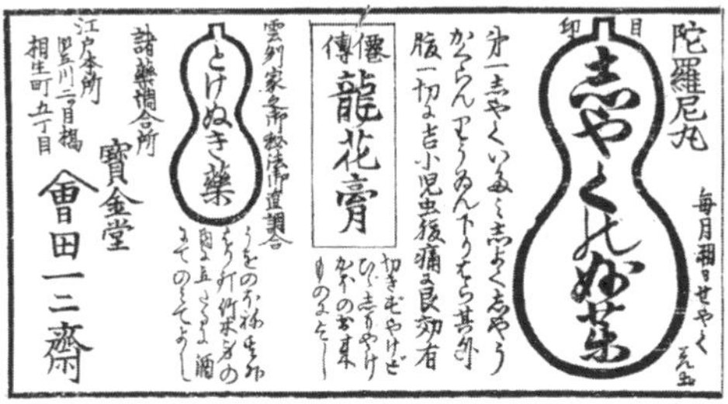

■陀羅尼丸是專治癪症的良藥。癪症指胸腹劇痛。

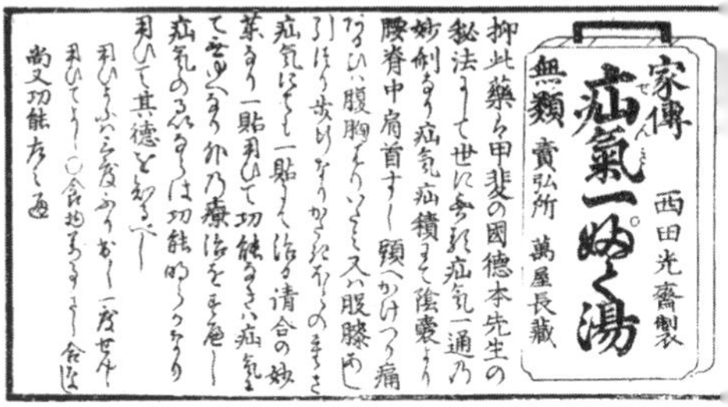

■疝氣一服湯。疝氣指小腹的疼痛。

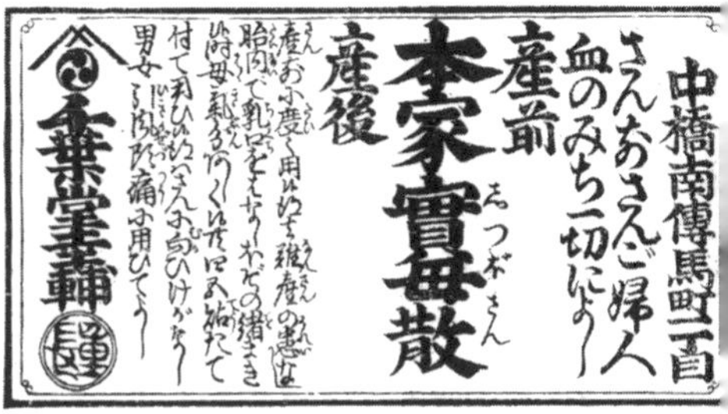

■實母散是具有代表性的婦女藥品。必須煎煮之後服用。

＊全部圖片刊載於《江戶買物獨案內》

與生藥店。

藥材商集中在日本橋本町、傳馬町，全都加入了幕府認可的同業公會，這些藥商經手的商品包括進口藥材和國產藥材。

書中介紹的生藥店多達兩百五十多家，不過各家的商品水準卻參差不齊。有些藥據說可治突發性胸腹疼痛，也就是落語裡提到的疝氣、癪症，還有專治小兒夜啼、哭鬧的成藥，不知這些藥是否真的有效？儘管當時對成藥並沒有法律束縛，但書裡介紹的一款奇藥，卻不免令人生疑。因為據說那種藥吃下去之後，一輩子都不會掉牙齒。

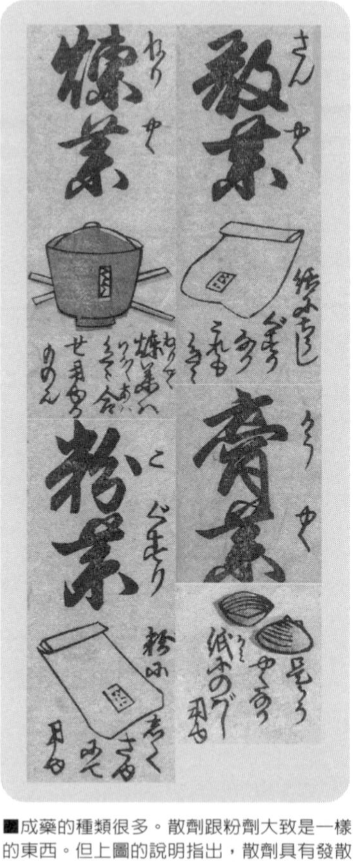

■成藥的種類很多。散劑跟粉劑大致是一樣的東西。但上圖的說明指出，散劑具有發散的功效，能夠消散並緩和疼痛。《商賣往來繪字引》

第五章・祈禱

求神問佛

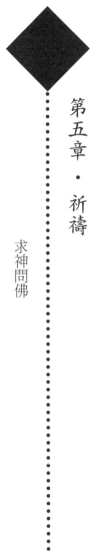

佛門 ◆僧◆尼◆薦僧

佛具 ◆佛具師◆佛具店◆佛師◆鎊師◆數珠師
◆造花師◆匾匠◆鐘槌匠◆木雕師

佛事 ◆龕師◆放生鳥販◆早桶店◆牌位師

佛

■江戶的守護神，神田明神的秋季祭典。《江戶名所圖會》

神

神職　◆神主◆神子◆鈴師

勸進　◆神道者◆鹿島事觸　◆代守庚申◆除厄師

祈福　◆繪馬師◆繪馬販　◆達磨人形師◆寶船販

祈禱

江戶時代，生存必須的神佛世界

現代人只有參加葬禮、法事、掃墓等跟佛教有關的活動時，才會走進寺廟，江戶時代跟現代完全不同，當時的寺廟跟民眾生活緊密相連。另一方面，也是因為醫療環境不夠完善，人們能夠依賴的，只有神明。當時經常發生人力無法抗拒的災難，譬如像天災、饑荒等，如果換成今天，現代人會認為人定勝天，不努力的傢伙當然會被時代淘汰；但江戶時代的民眾對於災難的反應，卻是現代人很難想像的。

大眾總是向神明祈求生意興隆、立身揚名、萬事順遂……人人都期待擁有光明的未來，這一點是古今一致的。當時負責奉祀神佛的宗教人士不僅理解人們的願望、祈求，也陪伴大家度過平安幸福的時光。在這一章裡，讓我向各位介紹一下這些宗教人士與相關訊息吧。

●和尚像房東，施主像房客？ 江戶人從出生到去世都跟檀那寺、菩提寺密不可分。雙方的關係好比長屋的房東與房客。房東不但隨時傾聽房客的煩惱，幫他們解決問題，有時還要充當房客的身分保證人。當時幕府實施「寺請制度」，規定各寺廟為施主提供身分證明，並為施主發行「寺請證文」，證明施主並非幕府嚴禁的天主教徒。「寺請證文」相當於戶籍文件，一般人出門旅行或結婚時，都必須提出這份證明。這項規定顯然是當權者為了徹底控制人民想出來的計謀，而跟民眾實地保持聯繫的，卻是檀那寺的和尚，所以對一般人來說，難免會對和尚產生幾分親近感。

■和尚用木槌擊磬誦經《早引漫畫》

■披著菅笠，頭上頂著鉦鼓，沿街誦佛。
《人倫訓蒙圖彙》

■馬的圖繪是最原始的繪馬樣貌。
《永代節用無盡藏》

●神聖的俗人四處募款　《勸進帳》是「歌舞伎十八番」裡眾所周知的劇目，舞台上的修行僧弁慶為了重建燒毀的東大寺，手捧卷軸高聲宣讀募款宗旨。那份卷軸就是所謂的「勸進帳」，而卷軸的文字所表達的意思，就是要為興建或修繕神社寺廟進行募款。同樣地，「勸進相撲」或「勸進能」也都是目標相同的藝能表演。

宗教人士進行勸募是一項崇敬嚴肅的行動，然而，隨著時代變遷，後來卻出現了很多貌似叫化子的街頭藝人，模仿宗教人士的說詞與行徑向人乞討。這些人就是在誦經唸佛時，也不忘加入節拍，弄得像在演唱歌謠，甚至還把這種表演取名為「歌唸佛」。《人倫訓蒙圖彙》的作者在書中指出，這些人抓準時機，自導自演，自創小調，沿途擊磬賣唱，諸如此類的行為實在可悲。從廣義的角度來看，這些四處討錢的民眾，也就是江戶的遊民吧。

●奉上繪馬。萬事順遂　江戶時代的民眾對神佛信仰十分虔誠，就算是行為怪異的假和尚隨便唸幾句經文，他們也會施捨少許錢財。民眾會把各種願望寫在繪馬上面，獻給神佛，祈求美夢成真。供奉繪馬在當時是日常活動，不像現代人，只有在入學考試之前，才一窩蜂地跑去供奉入學祈願的繪馬。譬如母親沒有乳汁餵養嬰兒，就在神佛面前供上無花果和授乳繪馬，祈求分泌乳汁；想要金盆洗手的賭徒則奉上畫了「賭具掛上鎖鏈」的繪馬。江戶時代的北前船經常往返日本海，直到今天，日本海沿岸的神社裡仍然保存著許多祈求航海平安的繪馬。其中大多數都是大坂的船主聘請繪馬師製作的。有些人是從商販手裡購入現成的繪馬，也有些人自己動手畫圖。總之，活在當時的世間，只憑一己之力，不免遭遇無數困難。而人類不論古今，每當身陷困境時，就會想向神佛祈求庇佑吧。

佛

江戶時代，幾乎每個家庭都會成為某間寺廟的檀家，固定供奉那間佛寺，跟是否是虔誠佛教徒無關。一般民眾不僅舉行葬禮時需要佛寺幫助，就連結婚、旅行都需要檀那寺開具證明的文件。在這一章裡，向各位介紹跟庶民關係密切的和尚、寺廟和佛具。

僧

「僧」是指剃髮遁入佛門，虔誠遵奉佛陀教化之人，也是遠離凡塵的棄世者，通常稱為比丘、沙門。此外，「僧」也被稱為僧正、僧都、上人、和尚、長老等，這些稱呼表示的是僧侶的職位與級別。

■僧與尼。圖中「僧」的日文唸為：「棄世者」《頭書增補訓蒙圖彙》

尼

「尼」是指女性僧侶，也叫做比丘尼。據《頭書增補訓蒙圖彙》說明，「尼」屬於佛門的四部弟子，四部弟子是指「四部眾」，也就是四種佛門弟子，其中包括：出家的比丘、比丘尼、在家的優婆塞、優婆夷。

■金龍山淺草寺是大化元年（六四五）開山的古剎，也是江戶庶民心中首屈一指的祈禱場所。七月十日的「四萬六千日詣」是淺草寺所有廟會中最熱鬧的一個，如果在這天到廟裡參拜，就能獲得四萬六千天的好運。《江戶名所圖會》

■薦僧吹著尺八巡迴全國進行修行之旅。他們的脖子上掛一個頭陀袋，有人要施米時，便把米倒進袋子裡。《頭書增補訓蒙圖彙》

薦僧

「薦僧」是普化宗對僧侶的稱呼，也叫虛無僧。普化宗是禪宗的一派，由普化禪師所創。薦僧是托缽修行的僧侶，又叫做「梵論師」，或「暮露暮露」，兩者皆是虛無僧之意，他們沿門托缽時的打扮非常奇特，頭上戴著名為「天蓋」的遮臉斗笠，袈裟或頭陀袋直接掛在脖子上，沿途不斷吹奏尺八。

佛具師

佛具是供奉佛像所使用的道具。佛具師的工作則是利用金屬鑄造的技術製作佛具。據《人倫訓蒙圖彙》說明，佛具師利用唐金（青銅）製造佛前三具足、金佛、藥鍋等。「三具足」指供奉在佛前的花瓶、香爐、燭台。藥鍋則如其名，是煎藥的鍋子。

■佛具師能製作所有的佛具，譬如像燭台、香爐等。《人倫訓蒙圖彙》

■佛具店《寶船桂帆柱》

佛具店

佛具店的商品除了佛具師製作的金屬佛具之外，還有佛壇和經桌。上圖裡的狂歌寫道：「佛像光亮又耀眼，佛具店裡好莊嚴。」

■佛具的基本三具足。自左向右為：花瓶《女用訓蒙圖彙》，香爐、燭台。《頭書增補訓蒙圖彙》

■佛師集中精神製作佛像《寶船桂帆柱》

佛師

佛師就是製作佛像的工匠。根據《人倫訓蒙圖彙》記載，聖德太子的時代，一位叫做「止利佛師」的手藝工人從大唐來到日本，為太子做事，他就是日本最早的佛像工匠，後來又陸續來了幾位有名的匠人，譬如平安時代的定朝、鎌倉時期的運慶、湛慶、快慶等人。平安、鎌倉時代的佛師都是僧侶，室町以後一直到江戶時代，佛師幾乎都是民間人士，不過江戶時代有兩大佛師：木喰和円空，他們都是雲遊四方的僧侶。

■佛師把成品拿給貌似買主的僧侶鑑定《人倫訓蒙圖彙》

■鎊師拿著榔頭把金屬粗胚慢慢敲成理想的形狀《人倫訓蒙圖彙》

鎊師

鎊師利用工藝技巧把金、銀、銅、黃銅等做成金屬配飾。據《人倫訓蒙圖彙》介紹，鎊師不僅能做所有的佛具，還能打造紙門的拉手、硯水壺（又叫水滴）等各種金屬配件，也能在金屬飾物上雕刻花紋。

佛具

造花師

利用絲線或彩紙製作假花的職人叫做「造花師」。圖中的職人正在製作的是供在佛前的佛花。假花的用途很廣，可以繫在斗笠上做裝飾，或在祭典時把層層假花堆在駕籠頂棚。這種交通工具叫做「花駕籠」，祭典時，裡面裝載一些身穿戲服的男童女童。

■造花師《人倫訓蒙圖彙》

造花店《寶船桂帆柱》

數珠師

數珠原是在誦唸南無阿彌陀佛的佛號時，一邊唸一邊用手撥動珠子，藉此計算誦經次數的工具。一串最少有一百八十顆，據說數珠的數目代表心中的煩惱。

■數珠師也叫念珠匠《人倫訓蒙圖彙》

匾匠

日本的寺廟名稱前面都要冠上「山號」，譬如像比叡山、高野山、金龍山等。大多數寺廟都在山門中央掛一塊「匾額」，上面用大字寫著寺名。匾匠就是雕刻匾額的職人。

■匾匠《人倫訓蒙圖彙》

鐘槌匠

鐘槌的外型就像圖中所示，呈丁字形，是用來敲擊寺鐘或佛磬的佛具。佛磬通常放在僧侶的身邊，但雲遊僧或在人家門前乞討的賣藝人，則把佛磬掛在脖子上誦經。上圖左邊的人正在用木槌敲擊板木。那塊雕成鯛魚燒似的板木，叫做魚板，是禪寺用來發號施令的佛具。

■職人正在敲擊的木製「魚板」，跟木魚是同類的佛具。《繪本庭訓往來》

■鐘槌匠《人倫訓蒙圖彙》

木雕師

木雕師是打造三重塔、五重塔之類佛塔與佛龕的職人，也負責製作各種木雕裝飾。譬如像寺院裡用來發出信號的魚板，就是由木雕師一手包辦。據說戰國時期至江戶初期有一名飛驒職人左甚五郎，他的手藝深受大眾好評，因此成為著名的木雕師。

■木雕師正在雕刻門框上方的「楣窗」《人倫訓蒙圖彙》

左甚五郎●關於江戶初期的著名職人左甚五郎，有一種傳說指他生於播州明石，幼時住在飛驒高山，長大之後前往京都從事宮殿、寺院的建築工程。後來，他又到江戶參加幕府的殿宇建築任務，最後終於成為有名的木匠工頭。據說日光東照宮的睡貓雕像就是左甚五郎的作品。

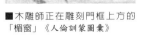

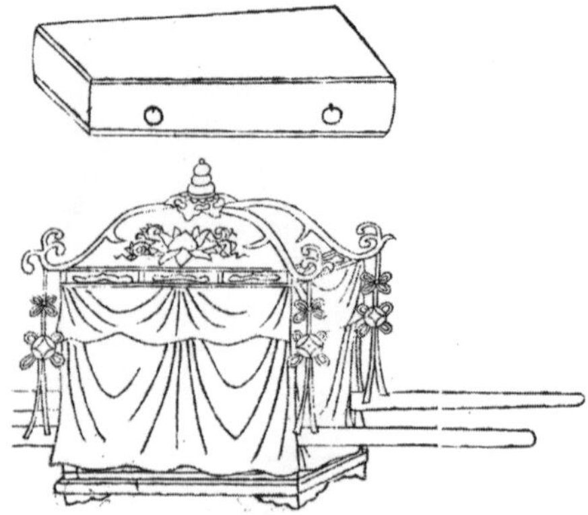

■上方是盛裝遺體的棺木，下方的叫做「龕」，中央有兩根木棍向外伸出，搬運時可用來扛在肩上。《頭書增補訓蒙圖彙》

龕師

「龕」是載運遺體的喪車，只有身分高貴的人才有資格使用「龕」。不過，這種交通工具雖然叫做喪車，卻不是靠車輪移動，而應該算是一種「輿」。如圖所示，屋頂下方有兩根貫穿的轅木（長木棍），移動時，由人扛著轅木前進。龕師則是製造這種「輿」的職人。

■龕師《人倫訓蒙圖彙》

佛事

放生鳥販

■放生鳥販《今様職人盡歌合》

葬禮中有一項儀式，為了超度死者而將買來的小鳥放走。這種儀式叫做放生。佛教戒律第一條就是殺生，也就是說，佛教嚴禁殺害生命。以這種思想為基礎的放生會，也是為了積德行善，所以把鳥類或魚類放走。

早桶店

早桶就是棺桶，因為亡者去世後需要當場交貨，所以叫做早桶。江戶時代的一般民眾都使用桶形的坐棺，早桶店一收到訂單，立即就能交貨。死者裝進早桶之後，由近親扛著送到廟裡。當時普通庶民採用土葬。

■早桶由兩人一組負責搬運《春柳錦花皿美少年始》

■早桶《曙草紙》

牌位師

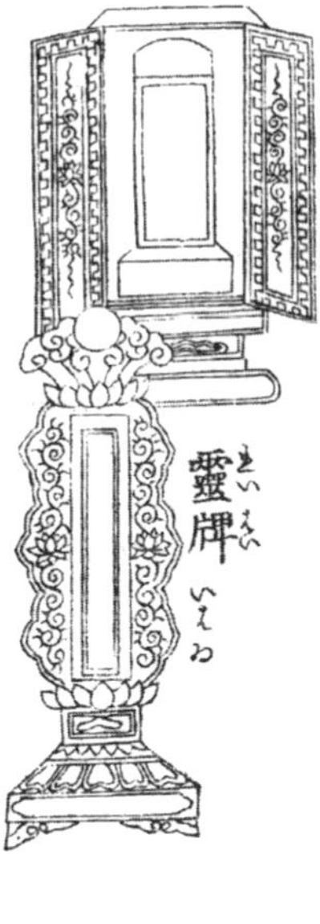

■上方是儒者的牌位，也就是死者的神主牌。因為牌上寫著死者的官職、姓名，所以叫做「牌位」。下方是佛教徒的牌位。《頭書增補訓蒙圖彙》

牌位●據《頭書增補訓蒙圖彙》記載，佛教信徒的牌位叫做靈牌，儒者的牌位叫做神主牌，書中還附有插畫。供奉死者的佛具上用很小的字體標示死者的戒名，牌位安放在佛壇上，每年中元節和死者忌日都要舉辦祭典。據說這種習慣始於江戶時代，之後才在全國普及起來。

神

不論古今，人們為了達成心願，都喜歡到靈驗的神社參拜，有人祈禱生意興隆，有人希望學業有成，也有人祈求病體痊癒。神職人員介於神與人之間，幫助人們向神明祈禱。下面就向大家介紹跟神道教有關的各種職業。

■祭神儀式全程都由神主負責
《狂歌倭人物初編》

神主

據《頭書增補訓蒙圖彙》說明，所有奉祀神明的人員總稱為「祝」，神主是「祝」的一員，在祭典裡負責朗讀頌詞，在神前宣讀祝詞，神主也被稱為「神職」或「禰宜」。古代的神職人員當中，神主的地位最高，其次是禰宜和祝。這類稱呼與身分經常發生變化，譬如在《頭書增補訓蒙圖彙》出版的江戶後期，神主跟禰宜和祝是同義詞。

神子

侍奉神明的女性叫做神子，也叫做巫女。如圖中所示，她們手拿神樂鈴，隨著神樂起舞取悅神明。神子跟祝一樣，都是比禰宜地位更低的神職人員。

■右手拿著神樂鈴起舞的神子。神樂鈴的木柄尖端掛著許多鈴鐺。
《狂歌倭人物初編》

■神田明神是江戶的守護神，神社裡奉祀的是平安時代的豪族平將門。江戶時代，德川家的守護神山王社的祭典辦得跟神田明神一樣盛大，兩項活動並稱「天下祭」，都是江戶受人矚目的盛事。
《木曾路名所圖會》

■鈴師製作各式各樣的鈴鐺
《人倫訓蒙圖彙》

鈴師

鈴●我們到神社參拜時，總是順手拉響神殿前的大鈴；巫女向神明獻舞時，手裡抓著神樂鈴；護身符上都掛著一個小鈴。以上幾種，都是在神社才能看到的鈴鐺，此外，還有一種叫做鷹鈴的東西，狩獵時掛在老鷹的腳上。據說京都有一位專門製作鷹鈴的鈴師。

募款

神道者

神道者原本是指奉祀神明的人，但有些人裝成神職人員，到一般民眾家裡去做法事，發符紙，乞討施捨與報酬，這種人後來也被稱為「神道者」。左圖就是這種神道者，貌似江戶時代常見的「哇哇大王」。他們在路上看到孩童，就一路跟著追上去，嘴裡不斷嚷著：「哇哇天王愛熱鬧。」同時把驅除瘟疫的五頭天王符紙撒向孩童，然後再向孩子的家人收取一文的酬勞。

■神道者頭戴天神猿田彥的面具，身穿印著家紋的黑色舊和服外套與裙褲，手抓驅邪避疾的符紙撒向空中。《今樣職人盡歌合》

■圖中人物是一位神職，他才是真正奉祀神明的「神道者」。《人倫訓蒙圖彙》

神子鹿島事觸

■肩挑供品，頭戴烏帽子，身穿狩衣（公家武家的禮服）的「事觸」在全國各地周遊。《人倫訓蒙圖彙》

「鹿島事觸」是指自稱收到常陸國一宮鹿島神明的神諭，而在全國四處遊走的宣揚者。每年春季，這些人帶著神明對這一年發出的告諭遠赴都城，神諭內容包括當年的吉凶、個人運氣、五穀收成等。

■「這是鹿島神明的神諭。」鹿島事觸一面嚷著一面四處宣揚天啟。《今樣職人盡歌合》

■庚申日的兩三天之前才會出現的代守庚申《人倫訓蒙圖彙》

代守庚申

曆法上的庚申日是個特別的日子。據說這天晚上，人體內的三尸蟲要返回天庭，向天帝報告這個人做過哪些壞事。所以大家在這天都要禁慾，而且為了防止三尸蟲升天，家家戶戶都徹夜不眠地歡樂團聚。大坂還有一種職業叫做「代守庚申」，專門替人守庚申。

除厄師

節分的晚上，除厄師在市內四處遊走，到了人家門外，便開始高唱除厄祝辭。需要除厄的人家這時便端來炒大豆交給除厄師，並送上酬勞。京坂的除厄師開口先說一句「除厄嘍」，接著連連說出長篇吉祥話；江戶的除厄師開口第一句話則說：「除厄除厄！」

■除厄師。江戶的除厄師在節分這天晚上到民家門前招攬生意。除了節分之外，除夕、正月六日、正月十四日晚上也會出現。《人倫訓蒙圖彙》

除厄師的開場白●

哎呀呀，可喜可賀，可喜可賀！老爺去拜住吉社，走上反橋往西瞧，寶船載來七福神，裡面有個惠比壽，手裡拿根長壽竿，雌雄鱚魚釣不完，金鉤銀鉤抛下海，釣上一條姬小鯛。如此好運哪裡有？掃蕩群魔交給我，厄運全都扔西海，轉眼掉進筑羅沖……

繪馬師

■繪馬師把駿馬與歌人畫在繪馬木牌上《人倫訓蒙圖彙》

據《人倫訓蒙圖彙》介紹，「繪馬」原是民眾為了達成心願而寄放在寺院神社的木牌，古代這種木牌上畫著馬匹，所以叫做「繪馬」，現代的繪馬圖案則包羅萬象，種類繁多。繪馬的由來其實是因為古人向神明祈願後，期待美夢成真，便向神明獻上馬匹。又因為當時馬匹非常昂貴，只好以木製的馬匹雕像代替，之後，才演變成把馬匹畫在木板上，敬奉給神明。江戶時代出現過許多專業繪馬師。

繪馬販

新年的初詣、初午日，或寺廟、神社舉行祭典的日子，凡是有群眾聚集的地方，賣繪馬的小販就出來做生意。繪馬上面畫著十二生肖和各種圖案，是為了表達供奉者的各種心願，譬如戒酒、戒賭、眼病痊癒等。另外，販賣荒神松的小販也順便出售公雞圖案的繪馬。荒神即是灶神，祭拜時要供上松枝，叫做「荒神松」。據說如果同時供上公雞圖案的繪馬，家中就不會出現蚜蟲。

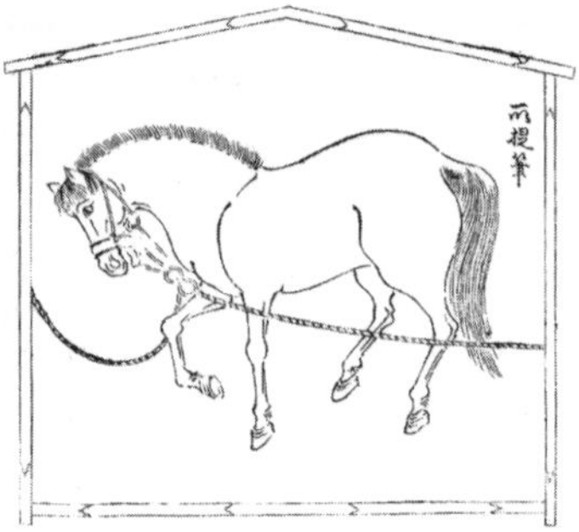

■供奉在淺草寺的大型繪馬。傳說每天半夜，畫裡馬兒會從木框裡跑出來，在院內草地上吃草。《江戶名所圖會》

■畫著公雞的繪馬據說可以防蚜蟲《早引漫畫》

■繪馬販正在叫賣小型繪馬《畫本早引》

寶船●常見的寶船畫裡畫著七福神共乘一艘大船，船帆上寫著一個很大的「寶」字，船上堆滿眾神的寶物：丁香、如意槌、天秤、隱身傘等。圖畫的空白處寫著一首詩：「長夜陷沉睡，眾人齊覺醒，船身隨波流，水聲真悅耳。」（日文原文是回文詩）

祈禱

■達磨大師《萬物雛形畫譜》

■達磨人形師《今樣職人盡歌合》

■寶船販也兜售日曆和劇場節目表《守貞謾稿》

達磨人形師

「達磨」是指禪宗始祖達磨坐禪姿態的紙糊人形。這種紙糊的不倒翁玩具，原本也有七福神等其他的人物造型，但自古就以達磨的造型最多。江戶時代的孩童要是得了天花，父母就給孩子穿上紅衣，並把鮮紅的達磨人形放在孩子身邊，祈求早日痊癒。因為大家都相信，主司痘瘡的痘神不喜歡紅色。

■七福神的寶船。船帆上的「寶」字有時也改寫成「貘」，因為傳說中的貘會把惡夢吃掉。《守貞謾稿》

寶船販

寶船被認為是吉祥物，睡覺時放在枕下，就會夢到好事。所以寶船販通常是在一月二日晚上出門叫賣，除了出售印在紙上的寶船，也同時兜售雙六。民眾都期待新春初夢能夠夢到「一富士二鷹三茄子」，所以人人踴躍購買。

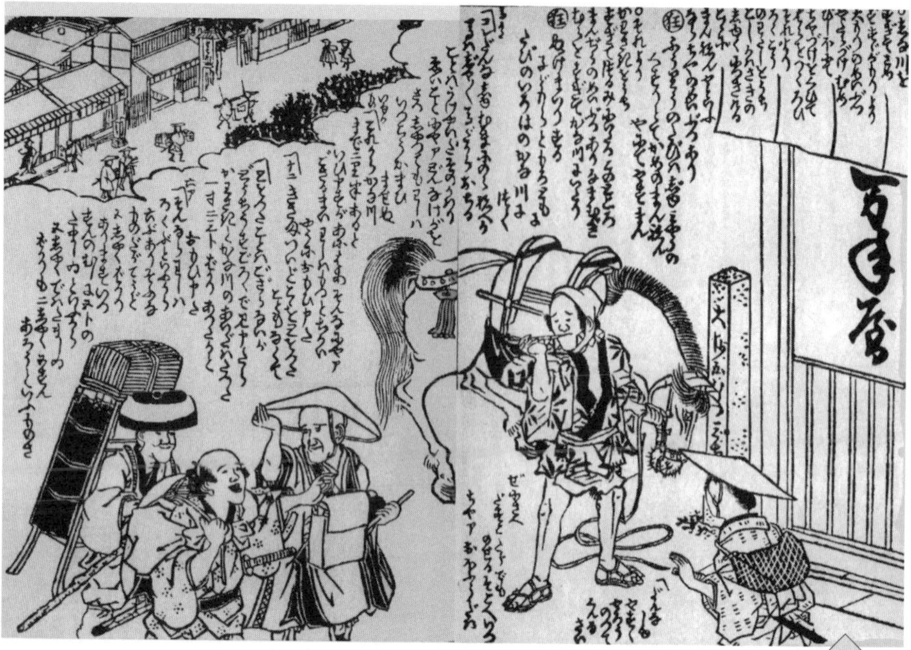

■三名旅客來到東海道川崎宿。最左邊的旅人就是「六部」。這家「萬年屋」的奈良茶飯很受歡迎。《金草鞋》

江戶豆知識

【巡迴諸國的參拜之旅】

■別名「六十六部」的雲遊僧背著裝入佛像的佛龕，踏遍全國六十六州。《諸職畫鏡》

●諸國巡禮之旅　「六十六部」原本是指巡迴參拜全國六十六個聖地的修行者，他們頭戴獨特的斗笠，每到一處聖地，便奉上自己抄寫的法華經。這種修行者也稱為「迴國」或「六部」。巡迴參拜的路線分成好幾種。西國巡禮路線主要是參拜近畿觀音聖地的三十三座寺廟，關東巡禮路線則參拜坂東、秩父等聖地。庶民巡禮路線叫做「遍路」，至今仍受大眾熱愛，這條路線上的阿波、讚岐、伊予、土佐等四國八十八地的寺廟都跟弘法大師有關。民眾前往四國八十八地，或西國、坂東、秩父等三十三處朝聖時，參拜地點和參拜順序都必須按照規定進行，但六部的朝聖之旅就沒有特別的限制。

●娛樂性質的參拜之旅　江戶時代的庶民都認為，一生當中必定要到伊勢神宮參拜一次。當時的大眾都深信，伊勢神宮完成遷宮儀式（二十年為週期的定期遷移神座）的第二年，神德必定普降人間。所以這時大家就不約而同地奔向伊勢神宮參拜，這種行動稱為「御蔭參」。但

■富士朝聖男女群衆圖。畫中人物都是「富士講」的信衆，衆人一齊登上富士山。《滑稽富士詣》

■通往伊勢神宮的路上，桑名的烤文蛤是有名的特產。《金草鞋》

■扮成巡禮者沿途乞討施捨的騙子《人倫訓蒙圖彙》

由於旅費昂貴，一般庶民難以負擔，所以當時有一種宗教團體叫做「代參講」，就想了一個辦法，幫大家解決問題。這個團體的成員都是想去伊勢參拜的民眾，平時大家定期繳納會費，成立預存資金庫，等到出發之前，全體成員再以抽籤方式選出數名代表，代替大家前往伊勢參拜。同樣以這種類似「進香團」方式到勝地朝拜的，除了伊勢參拜之外，還有關東的大山參拜、富士參拜、成田參拜等，其中以大山參拜最受歡迎，落語故事裡也曾提過，因為大山距離關東較近，而且因為不必爬越箱根關卡，所以不需預先申請通行證。

結語

江戶時代，火災頻仍，大工（木匠）變成炙手可熱的職種，各處都爭相聘請大工。猜想當年那些職人一定是匆匆幹完一處，又立刻趕往下個工地吧。傳統說唱表演的劇目裡有個著名的段子，是說宮大工左甚五郎正在慢吞吞地鋸一塊木板，結果遭到工頭高聲怒罵，叫他加快速度，趕緊把木板準備好。一般庶民建造住宅時，雖不必仿效宮大工這套行事作風，但是負責架設房屋結構的大工，還是得規規矩矩地遵照「本寸法」進行工程，否則房屋就會歪斜傾倒。江戶的房屋如果不按照江戶規定的屋柱距離興建，鋪設榻榻米的疊師肯定會大發脾氣，負責安裝紙門紙窗的建具師也會不知所措。

「本寸法」這個字眼經常在古典落語裡出現，原本是「嚴守規定」或「當真」之意，但有時在說唱的段子裡，我們也會聽到「喔，妙啊！『本寸法』唷！」之類的句子，這時的「本寸法」是用來讚美料理做得地道，或被用來形容其他場合的「認真嚴肅」。

江戶時代的繪畫裡，職人（或商人）常被畫得滑稽可笑，畫中還附上即興諷刺的狂歌，但在欣賞這些繪畫的同時，我們卻能感受到職人認真拚命的態度。同樣地，我在書寫本書的過程中，也像職人一樣堅守著「本寸法」，但我無法否認，腦中卻不斷浮現某位ＩＴ界霸主說過的名言：「完成比完美更重要！」這句話才是正理啊。或許我所追求的目標，其實是大工熊五郎吧。因為他總是在有限的時間裡，適當地完成自己的任務。不論如何，有機會在此向大家介紹江戶職人嚴肅的工作精神，我感到非常榮幸。

二〇一九年十一月吉日作者

参考資料

＊絵本続江戸土産　＊戯場粋言幕の外　＊商売往来絵字引　＊家内安全集　＊諸職人物画譜
＊今様職人尽歌合　＊守貞謾稿　＊江戸名所図会　＊狂言画譜　＊江戸大節用海内蔵
＊人倫訓蒙図彙　＊絵本庭訓往来　＊絵本士農工商　＊宝船桂帆柱　＊木曽路名所図会
＊昭和古銭価格図譜　＊永代節用無尽蔵　＊絵本江戸みやげ　＊小野馬鹿村譃字尽
＊早引漫画　＊東講商人鑑　＊奥羽道中膝栗毛　＊近世奇跡考　＊世志此銭占
＊諸職人物画譜＊日本山海名物図絵　＊番匠往来　＊番匠往来修理大成　＊彩画職人部類
＊江戸買物独案内　＊萬代大雑書古今大成　＊女遊学操鑑　＊春色恋染分解
＊春柳錦花皿後編　＊両點庭訓往来　＊素人庖丁　＊小野篁歌字尽　＊絵本手引草初編
＊卓袱会席趣向帳　＊纏いろは組ひながた　＊童子専用寺子調法記　＊狂歌倭人物初編
＊萬物雛形画譜　＊質屋すずめ　＊鼎左秘録　＊商人軍配記　＊江戸久居計　＊料理早指南
＊紫草江戸商標集　＊戯場訓蒙図彙　＊女用訓蒙図彙　＊春柳錦花皿美少年始
＊曙草紙　＊画本早引　＊金草鞋　＊滑稽富士詣

索引

【五劃】

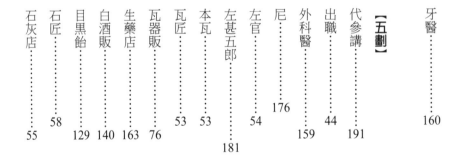

【六劃】

【七劃】

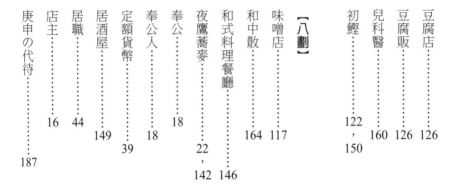

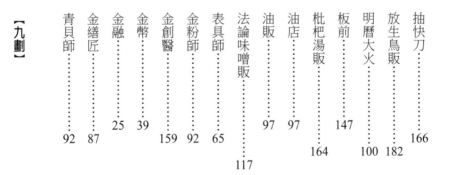

【十劃】

【十一劃】

【十二劃】

【十三劃】

【十六劃以上】

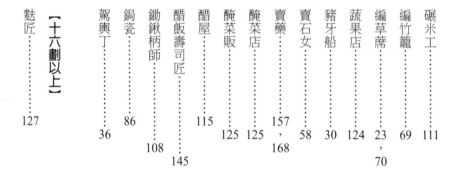

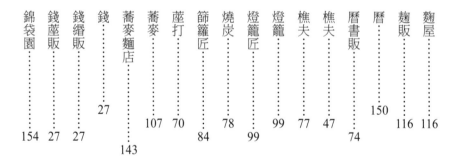

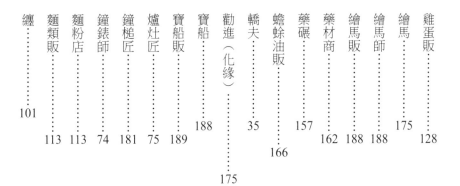

日本再發現 016

江戶百工：打造江戶富足生活基礎的匠人

江戸の仕事図鑑：食と住まいの仕事

國家圖書館出版品預行編目 (CIP) 資料

江戶百工：打造江戶富足生活基礎的匠人 / 飯田泰子著；章蓓蕾譯 . -- 初版 . -- 臺北市：健行文化出版事業有限公司出版：九歌出版社有限公司發行，2021.04

面；公分 . -- (日本再發現；16)

譯自：江戸の仕事図鑑：食と住まいの仕事

ISBN 978-986-99870-5-9(平裝)

1. 生活史 2. 飲食風俗 3. 江戶時代 4. 日本

731.26　　110002757

著　者 —— 飯田泰子

譯　者 —— 章蓓蕾

責任編輯 —— 莊琬華

發 行 人 —— 蔡澤蘋

出　版 —— 健行文化出版事業有限公司

台北市 105 八德路 3 段 12 巷 57 弄 40 號

電話／ 02-25776564・傳真／ 02-25789205

郵政劃撥／ 0112263-4

九歌文學網　www.chiuko.com.tw

印　刷 —— 晨捷印製股份有限公司

法律顧問 —— 龍躍天律師 ・ 蕭雄淋律師 ・ 董安丹律師

發　行 —— 九歌出版社有限公司

台北市 105 八德路 3 段 12 巷 57 弄 40 號

電話／ 02-25776564・傳真／ 02-25789205

初　版 —— 2021 年 4 月

定　價 —— 320 元

書　號 —— 0211016

I S B N —— 978-986-99870-5-9

（缺頁、破損或裝訂錯誤，請寄回本公司更換）